Léopold Guyot

Connaître Dieu - Tome I

Léopold Guyot

Connaître Dieu - Tome I

La connaisance indispensable

Éditions Croix du Salut

Impressum / Mentions légales
Bibliografische Information der Deutschen Nationalbibliothek: Die Deutsche Nationalbibliothek verzeichnet diese Publikation in der Deutschen Nationalbibliografie; detaillierte bibliografische Daten sind im Internet über http://dnb.d-nb.de abrufbar.
Alle in diesem Buch genannten Marken und Produktnamen unterliegen warenzeichen-, marken- oder patentrechtlichem Schutz bzw. sind Warenzeichen oder eingetragene Warenzeichen der jeweiligen Inhaber. Die Wiedergabe von Marken, Produktnamen, Gebrauchsnamen, Handelsnamen, Warenbezeichnungen u.s.w. in diesem Werk berechtigt auch ohne besondere Kennzeichnung nicht zu der Annahme, dass solche Namen im Sinne der Warenzeichen- und Markenschutzgesetzgebung als frei zu betrachten wären und daher von jedermann benutzt werden dürften.

Information bibliographique publiée par la Deutsche Nationalbibliothek: La Deutsche Nationalbibliothek inscrit cette publication à la Deutsche Nationalbibliografie; des données bibliographiques détaillées sont disponibles sur internet à l'adresse http://dnb.d-nb.de.
Toutes marques et noms de produits mentionnés dans ce livre demeurent sous la protection des marques, des marques déposées et des brevets, et sont des marques ou des marques déposées de leurs détenteurs respectifs. L'utilisation des marques, noms de produits, noms communs, noms commerciaux, descriptions de produits, etc, même sans qu'ils soient mentionnés de façon particulière dans ce livre ne signifie en aucune façon que ces noms peuvent être utilisés sans restriction à l'égard de la législation pour la protection des marques et des marques déposées et pourraient donc être utilisés par quiconque.

Coverbild / Photo de couverture: www.ingimage.com

Verlag / Editeur:
Éditions Croix du Salut
ist ein Imprint der / est une marque déposée de
AV Akademikerverlag GmbH & Co. KG
Heinrich-Böcking-Str. 6-8, 66121 Saarbrücken, Deutschland / Allemagne
Email: info@editions-croix.com

Herstellung: siehe letzte Seite /
Impression: voir la dernière page
ISBN: 978-3-8416-9842-1

Copyright / Droit d'auteur © 2012 AV Akademikerverlag GmbH & Co. KG
Alle Rechte vorbehalten. / Tous droits réservés. Saarbrücken 2012

Connaitre Dieu

La connaissance indispensable

Léopold Guyot (pasteurweb)

Table des Matières

Connaître Dieu..6
   Chercher à le connaitre..6
   Connaître Dieu est accessible à tous...8
      Les œuvres de la création 9
   Une connaissance spirituelle..13
   Le Seigneur Jésus-Christ 15
   La Bible..16
   Le Saint-Esprit..17
   Les résultats d'une vraie connaissance de Dieu..17
   La foi..18
   La sanctification..19
   La crainte de Dieu...20
   L'adoration..21
   Conclusion...24
Croire en Dieu..25
   Qui est Dieu ?...25
    Des fondement sûrs...29
    La conscience de Dieu..30
    L'œuvre du Créateur 32
    La Bible..33
    Le Christ..34
    L'œuvre de Dieu en nous..36
Connaître Dieu par Son Nom...39
    1. Elohim...43
    2. L'Eternel - Yahvé..44
    3. Adonaï = Seigneur...46
Connaître Dieu comme Père..51
Dieu, notre Père..56
   Dieu est un Père..57
   Dieu le Père du Seigneur Jésus-Christ..59
   Dieu est notre Père 61
   Enfants de Dieu, frères de Jésus-Christ...62
   Enfants d'adoption..65
   Honorer notre Père...66
   Aimer notre Père..67
   Conclusion :..67
Le Père vous aime..68
L'amour du Père 73
   Ecrits dans notre cœur..75
   Pourquoi aimer Dieu ? 78
   Apprendre à aimer le Seigneur...79
   Comment aimer Dieu ?..81
   Conclusion..83

Connaître Dieu

La connaissance de Dieu fait l'objet de nombreuses réflexions et nous lisons à ce sujet toutes sortes de théories justes ou moins justes, parfois totalement délirantes. C'est un sujet difficile en ce sens que nous entrons dans le domaine de l'infini et du surnaturel. C'est pourquoi nous reconnaissons nos limites et nous en tenons compte, comme l'écrit l'apôtre Paul :

> *Car nous connaissons en partie, et nous prophétisons en partie, mais quand ce qui est parfait sera venu, ce qui est partiel disparaîtra.*
>
> *Aujourd'hui nous voyons au moyen d'un miroir, d'une manière obscure, mais alors nous verrons face à face; aujourd'hui je connais en partie, mais alors je connaîtrai comme j'ai été connu. 1 Corinthiens 13.9*

Cependant, même si nous ne pouvons atteindre une connaissance complète et parfaite de Dieu, il est indispensable que chaque être humain se préoccupe de savoir qui Il est et quelles doivent être nos relations avec Lui.

Dans cette série d'articles traitant de la Connaissance de Dieu, je m'efforce de présenter simplement et sobrement Celui dont il est dit qu'il habite une lumière inaccessible et que personne ne connaît sinon le fils de Dieu qui procède du Père.

Chercher à le connaitre

C'est une première démarche qui correspond au besoin du cœur humain. Qui ne s'est jamais posé la question de Dieu ? de son existence ? de sa nature ?

Différentes choses nous aident à découvrir qui est Dieu : l'observation de la création, le témoignage de notre conscience et surtout la Bible, parole écrite inspirée de Dieu. C'est d'elle que je tire l'essentiel de ces études, comme de tous les textes de pasteurweb.

Dieu demande et attend que nous le cherchions afin de faire sa connaissance. Les prophètes de la Bible, inspirés par le Saint-Esprit, communiquent le désir de Dieu à ce sujet.

L'apôtre Paul qui était lui-même prophète prêchait ainsi :

> *Le Dieu qui a fait le monde et tout ce qui s'y trouve, étant le Seigneur du ciel et de la terre, n'habite point dans des temples faits de main d'homme; il n'est point servi par des mains humaines, comme s'il avait besoin de quoi que ce soit, lui qui donne à tous la vie, la respiration, et toutes choses.*
>
> *Il a fait que tous les hommes, sortis d'un seul sang, habitassent sur toute la surface de la terre, ayant déterminé la durée des temps et les bornes de leur demeure; il a voulu qu'ils cherchassent le Seigneur, et qu'ils s'efforçassent de le trouver en tâtonnant, bien qu'il ne soit pas loin de chacun de nous, car en lui nous avons la vie, le mouvement, et l'être. C'est ce qu'ont dit aussi quelques-uns de vos poètes: De lui nous sommes la race...*
>
> *Ainsi donc, étant la race de Dieu, nous ne devons pas croire que la divinité soit semblable à de l'or, à de l'argent, ou à de la pierre, sculptés par l'art et l'industrie de l'homme.*
>
> *Dieu, sans tenir compte des temps d'ignorance, annonce maintenant à tous les hommes, en tous lieux, qu'ils aient à se repentir, parce qu'il a fixé un jour où il jugera le monde selon la justice, par l'homme qu'il a désigné, ce dont il a donné à tous une preuve certaine en le ressuscitant des morts.*
> Actes 17.24

Le prophète Osée exhortait le peuple à connaître Dieu et annonce les bienfaits qui en résultent :

> *Connaissons, cherchons à connaître le SEIGNEUR ; sa venue est aussi certaine que celle de l'aurore. Il viendra pour nous comme une ondée, comme une pluie printanière qui arrose la terre. Osée 6:3*

Le prophète Jérémie parlant au nom du Seigneur dit :

> *Ainsi parle l'Eternel: Que le sage ne se glorifie pas de sa sagesse, Que le fort ne se glorifie pas de sa force, Que le riche ne se glorifie pas de sa richesse.*
>
> *Mais que celui qui veut se glorifier se glorifie D'avoir de l'intelligence et de me connaître, De savoir que je suis l'Eternel, Qui exerce la bonté, le droit et la justice sur la terre; Car c'est à cela que je prends plaisir, dit l'Eternel. Jérémie 9:23*

Connaître Dieu est accessible à tous

C'est ce que Paul écrit aux chrétiens de Rome au sujet de ceux qui refusaient l'évidence d'une création divine :

> *Et pourtant, ce que l'on peut connaître de Dieu est clair pour tous : Dieu lui-même le leur a montré clairement.*
>
> *En effet, depuis que Dieu a créé le monde, ses qualités invisibles, c'est-à-dire sa puissance éternelle et sa nature divine, se voient fort bien quand on considère ses œuvres. Les humains sont donc inexcusables. Romains 1.19*

Comme nous le constatons la connaissance de Dieu est aussi une question de bon sens, de logique, d'honnêteté intellectuelle et morale.

C'est une connaissance évolutive qui commence par la simple observation des éléments de la création, qui se poursuit en lisant ce que la Bible nous décrit de la nature de Dieu et enfin par ce que le Saint-Esprit nous révèle de Lui.

Cette connaissance n'est pas fondée sur des spéculations intellectuelles, philosophiques ou religieuse, mais sur des bases solides.

. Les ouvrages de la création

. le témoignage de la Bible, Parole écrite et inspirée de Lui,

. la personne de Jésus-Christ, le fils de Dieu

. le témoignage du Saint-Esprit à notre conscience.

Les œuvres de la création

L'observation et une saine réflexion, nous font connaître Dieu comme le créateur de l'univers qui révèle non seulement son existence mais aussi ses perfections : divinité, sagesse, intelligence, puissance.

> *"Les perfections invisibles de Dieu, sa puissance éternelle et sa divinité, se voient comme à l'œil, depuis la création du monde, quand on les considère dans ses ouvrages." Romains 1.18/21*

Les ouvrages du créateur se distinguent dans plusieurs domaines : l'univers, les cieux, la terre, la mer, et tout ce qu'ils renferment : les créatures vivantes comme les animaux : les oiseaux, les poissons, les animaux terrestres et par dessus tout l'être humain.

> *"Les cieux racontent la gloire de Dieu, Et l'étendue manifeste l'œuvre de ses mains. Le jour en instruit un autre jour, La nuit en donne connaissance à une autre nuit. Ce n'est pas un langage, ce ne sont pas des paroles Dont le son ne soit point entendu: Leur retentissement parcourt toute la terre, Leurs accents vont aux extrémités du monde, Où il a dressé une tente pour le soleil." Psaume 19.1/4*

Pourtant beaucoup refusent d'écouter cette voix qui racontent et décrit les caractéristiques de la nature divine du Créateur.

> *Ils disent à Dieu, Retire-toi de nous, nous ne prenons pas plaisir à la connaissance de tes voies. Job 21:14*

L'apôtre Paul écrit qu'ils retiennent injustement la vérité captive parce qu'elle les gêne à cause de leurs mauvaises actions. Romains 1.18

Par son insensibilité au témoignage de la création le monde est plongé dans les ténèbres de l'ignorance et du péché.

Dieu reproche à ceux qui rejettent l'évidence de ses perfections manifestées dans ce que l'on peut voir dans ses œuvres, de ne pas le reconnaître pour en être l'auteur et l'en glorifier.

> *"La colère de Dieu se révèle du ciel contre toute impiété et toute injustice des hommes qui retiennent injustement la vérité captive, car ce qu'on peut connaître de Dieu est manifeste pour eux, Dieu le leur ayant fait connaître. En effet, les perfections invisibles de Dieu, sa puissance éternelle et sa divinité, se voient comme à l'oeil, depuis la création du monde, quand on les considère dans ses ouvrages. Ils sont donc inexcusables, puisque ayant connu Dieu, ils ne l'ont point glorifié comme Dieu, et ne lui ont point rendu grâces; mais ils se sont égarés dans leurs pensées, et leur cœur sans intelligence a été plongé dans les ténèbres." Romains 1.18/21*

> *"Ils sont donc inexcusables, puisque ayant connu Dieu, ils ne l'ont point glorifié comme Dieu, et ne lui ont point rendu grâces; mais ils se sont égarés dans leurs pensées, et leur cœur sans intelligence a été plongé dans les ténèbres. Se vantant d'être sages, ils sont devenus fous; et ils ont changé la gloire du Dieu incorruptible en images représentant l'homme corruptible, des oiseaux, des quadrupèdes, et des reptiles. C'est pourquoi Dieu les a livrés à l'impureté, selon les convoitises de leurs cœurs; en sorte qu'ils déshonorent eux-mêmes leurs propres corps; eux qui ont changé la vérité de Dieu en mensonge, et qui ont adoré et servi la créature au lieu du Créateur, qui est béni éternellement. Amen!" Romains 1.21/25*

Voltaire, qui croyait dans un Dieu créateur non révélé, s'écriait : *"L'univers m'embarrasse et je ne puis songer qu'une telle horloge existe et n'ait point d'horloger"*.

Cependant l'univers révèle l'infinie sagesse, la parfaite intelligence et la toute puissance de Dieu.

> *"Il a créé la terre par sa puissance, Il a fondé le monde par sa sagesse, Il a étendu les cieux par son intelligence." Jérémie 10:12*
>
> *Levez vos yeux en haut, et regardez! Qui a créé ces choses? Qui fait marcher en ordre leur armée? Il les appelle toutes par leur nom; Par son grand pouvoir et par sa force puissante, Il n'en est pas une qui fasse défaut. Esaïe 40:26*
>
> *"Ce Dieu, dans les âges passés, a laissé toutes les nations suivre leurs propres voies, quoiqu'il n'ait cessé de rendre témoignage de ce qu'il est, en faisant du bien, en vous dispensant du ciel les pluies et les saisons fertiles, en vous donnant la nourriture avec abondance et en remplissant vos coeurs de joie..." Actes 14:17*

Nous proclamons avec les créatures célestes :

> *"Tu es digne, notre Seigneur et notre Dieu, de recevoir la gloire et l'honneur et la puissance; car tu as créé toutes choses, et c'est par ta*

volonté qu'elles existent et qu'elles ont été créées." Apocalypse 4:11

Les merveilles de l'être humain

Arrêtons nous un instant sur ce que nous pouvons considérer comme le chef-d'œuvre du Créateur : l'être humain. Nous pouvons faire nôtres les paroles du psalmiste :

"Je te loue de ce que je suis une créature si merveilleuse. Tes œuvres sont admirables, Et mon âme le reconnaît bien. C'est toi qui as formé mes reins, Qui m'as tissé dans le sein de ma mère. Je te loue de ce que je suis une créature si merveilleuse. Tes œuvres sont admirables, Et mon âme le reconnaît bien. Mon corps n'était point caché devant toi, Lorsque j'ai été fait dans un lieu secret, Tissé dans les profondeurs de la terre. Quand je n'étais qu'une masse informe, tes yeux me voyaient; Et sur ton livre étaient tous inscrits Les jours qui m'étaient destinés, Avant qu'aucun d'eux existât." Psaumes 139:14

Nous sommes loin ici de la théorie perverse des évolutionnistes qui affirment sans rire que l'homme est le produit d'une lente, très lente évolution de la matière vivante à partir de premières cellules informes, pour arriver au singe dont nous serions les descendants directs. Une femme chrétienne, mariée à un incroyant évolutionniste, lui répondit un jour : "Je ne savais pas que j'étais marié avec un singe!". A partir de ce moment, il cessa d'insister sur sa théorie. Il y a des réponses simples qui ferment la bouche des incrédules moqueurs.

Sachons voir et reconnaître l'œuvre de Dieu dans notre propre existence et lui en rendre grâce :

"Tes mains m'ont créé, elles m'ont formé; Donne-moi l'intelligence, pour que j'apprenne tes commandements!" Psaumes 119:73

Une connaissance spirituelle

Dieu est Esprit. Il est fondamental d'en être conscients afin que notre connaissance de Lui soit juste et conforme à la réalité spirituelle.

Le danger c'est de se faire un dieu qui nous ressemble, à notre image, ce qui conduit à l'idolâtrie qui n'est pas uniquement le culte à une image matérielle et visible mais qui peut être aussi une attitude mentale. Une image de Dieu dans notre pensée.

L'imagination est très suggestive et entraîne dans des rêves où l'on construit des situations ou des représentations engendrant un état de contentement mental, en dehors de toute réalité. A propos des responsables d'Israël, Dieu disait à son peuple par la bouche de ses prophètes :

> *"Ses gardiens sont tous aveugles, sans intelligence ... Ils ont des rêveries, se tiennent couchés, Aiment à sommeiller."* Esaïe 56:10

> *"Les faux dieux prédisent des mensonges, les devins voient des choses fausses. Les rêves qu'ils racontent sont creux, ils consolent avec du vent. C'est pourquoi le peuple est parti, comme un troupeau malheureux parce qu'il n'a pas de berger."* Zacharie 10:2

On a introduit depuis quelques temps le mot "rêve", dans le vocabulaire chrétien. On dit qu'il faut avoir des rêves et œuvrer à leur accomplissement. C'est nouveau et emprunté à une expression américaine, mal traduite dans notre langue.
En bon français, dans sa signification habituelle, le mot rêve indique une construction mentale, une situation imaginaire, dans un monde irréel. Aussi, pour être plus concret, je préfère parler de "projets" ou d'une vision dont nous œuvrons à l'accomplissement. J'y reviendrai dans une prochaine étude.

"Les projets (ou les plans) d'un homme actif sont profitables, mais agir avec précipitation, c'est courir vers le dénuement." Proverbes 21:5

Nous ne pouvons pas visualiser ni imaginer Dieu. Or l'être humain, par nature aime donner un visage ou se faire une image de ce qu'il ne voit pas et surtout de ceux avec qui il est en relation. Cela le rassure. Toutes les cultures et civilisations se font des représentations de leurs dieux. Israël dans un moment d'aberration a donné cours à ses fantasmes charnels en reproduisant le culte dont il avait été le témoin en Egypte. Exode 32:1-6

> *Le peuple, voyant que Moïse tardait à descendre de la montagne, s'assembla autour d'Aaron, et lui dit : Allons ! fais-nous un dieu qui marche devant nous, car ce Moïse, cet homme qui nous a fait sortir du pays d'Egypte, nous ne savons ce qu'il est devenu.*
>
> *Aaron leur dit : Otez les anneaux d'or qui sont aux oreilles de vos femmes, de vos fils et de vos filles, et apportez-les-moi.*
>
> *Et tous ôtèrent les anneaux d'or qui étaient à leurs oreilles, et ils les apportèrent à Aaron.*
>
> *4 Il les reçut de leurs mains, jeta l'or dans un moule, et fit un veau en fonte. Et ils dirent : Israël ! voici ton dieu, qui t'a fait sortir du pays d'Egypte.*
>
> *Lorsqu'Aaron vit cela, il bâtit un autel devant lui, et il s'écria : Demain, il y aura fête en l'honneur de l'Eternel !*
>
> *Le lendemain, ils se levèrent de bon matin, et ils offrirent des holocaustes et des sacrifices d'actions de grâces. Le peuple s'assit pour manger et pour boire ; puis ils se levèrent pour se divertir.*

Faire des représentations de Dieu, ou d'autres personnages que l'on prie, cela s'appelle de l'idolâtrie, formellement interdit pas le Seigneur.

Vous ne vous ferez point d'idoles, vous ne vous élèverez ni image taillée ni statue, et vous ne placerez dans votre pays aucune pierre ornée de figures, pour vous prosterner devant elle ; car je suis l'Eternel, votre Dieu. Lévitique 26:1

Puisque vous n'avez vu aucune figure le jour où l'Eternel vous parla du milieu du feu, à Horeb, veillez attentivement sur vos âmes ... Deutéronome 4:15

Le Seigneur Jésus-Christ

Personne n'a jamais vu Dieu, il habite une lumière inaccessible à l'être humain, et la connaissance que l'on peut avoir de Lui ne repose pas sur la vision ou l'imagination de sa personne, mais sur des éléments sûrs et concrets, en particulier la personne du Seigneur Jésus-Christ que des témoins dignes de foi nous ont décrite.

Personne n'a jamais vu Dieu ; le Fils unique, qui est dans le sein du Père, est celui qui l'a fait connaître. Jean 1:18

Ce qui était dès le commencement, ce que nous avons entendu, ce que nous avons vu de nos yeux, ce que nous avons contemplé et que nos mains ont touché, concernant la parole de vie, –
... ce que nous avons vu et entendu, nous vous l'annonçons, à vous aussi, afin que vous aussi vous soyez en communion avec nous. Or, notre communion est avec le Père et avec son Fils Jésus–Christ. 1 Jean 1:1

Dieu a voulu se révéler au monde de la manière la plus parfaite en envoyant sur la terre son Fils unique, dans un corps semblable au nôtre. Jésus a pleinement manifesté dans le monde la puissance, la compassion, la bonté, l'amour, la bienveillance, la sainteté, la justice, la pureté, de Celui qu'il appelle son Père.

Jésus est "la révélation parfaite de Dieu, Il est l'image du Dieu invisible." Colossiens 1:15

> "Il est l'empreinte de sa personne, le reflet de sa gloire."Hébreux 1.3
>
> "Que le Dieu de notre Seigneur Jésus-Christ, le Père de gloire, nous donne un esprit de sagesse et de révélation, dans sa connaissance." Éphésiens 1:17

La Bible

La lecture de la Bible nous apporte une autre perspective de la connaissance de Dieu, concernant ses sentiments, ses désirs, ses desseins, sa recherche et sa démarche pour établir la relation avec les êtres humains.

Les Écritures corroborent le témoignage de l'Univers, en y ajoutant les récits des interventions de Dieu dans la vie des hommes. Nous pouvons affirmer que comme pour Jésus, les Écritures rendent témoignage de Dieu :

> Luc 24:27 "Et, commençant par Moïse et par tous les prophètes, il leur expliqua dans toutes les Écritures ce qui le concernait."

Depuis la création d'Adam et Ève, Dieu a toujours manifesté son intention d'une réelle et étroite relation avec les hommes. La Bible nous apprend les merveilleuse réussites de la démarche divine en ce sens, mais aussi les tristes et lamentables échecs dus à l'insensibilité, à l'incrédulité et à la méchanceté du cœur humain.

> Psaumes 119:130 "La révélation de tes paroles éclaire, Elle donne de l'intelligence aux simples."

Le Saint-Esprit

Il y a enfin un autre élément important qui, lorsque nous avons cru au Seigneur Jésus-Christ, nous conforte et nous fait croître dans la connaissance de Dieu, c'est le témoignage du Saint-Esprit.

> *Mais, comme il est écrit, ce sont des choses que l'œil n'a point vues, que l'oreille n'a point entendues, et qui ne sont point montées au cœur de l'homme, des choses que Dieu a préparées pour ceux qui l'aiment.*
>
> *Dieu nous les a révélées par l'Esprit. Car l'Esprit sonde tout, même les profondeurs de Dieu.*
>
> *Lequel des hommes, en effet, connaît les choses de l'homme, si ce n'est l'esprit de l'homme qui est en lui ? De même, personne ne connaît les choses de Dieu, si ce n'est l'Esprit de Dieu.*
>
> *Or nous, nous n'avons pas reçu l'esprit du monde, mais l'Esprit qui vient de Dieu, afin que nous connaissions les choses que Dieu nous a données par sa grâce. 1 Corinthiens 2:9*

L'apôtre Paul a écrit qu'il priait afin que la connaissance de Dieu se développe dans l'esprit de ceux qui étaient devenus des disciples de Christ, des enfants de Dieu :

> *Je ne cesse de rendre grâces pour vous, faisant mention de vous dans mes prières, afin que le Dieu de notre Seigneur Jésus–Christ, le Père de gloire, vous donne un esprit de sagesse et de révélation, dans sa connaissance, et qu'il illumine les yeux de votre cœur, pour que vous sachiez quelle est l'espérance qui s'attache à son appel, quelle est la richesse de la gloire de son héritage qu'il réserve aux saints, et quelle est envers nous qui croyons l'infinie grandeur de sa puissance, se manifestant avec efficacité par la vertu de sa force. Ephésiens 1:16-19*

Les résultats d'une vraie connaissance de Dieu

Si elle n'est pas la recherche d'une spéculation intellectuelle dont le but est d'augmenter notre savoir ou satisfaire notre curiosité, la connaissance de Dieu aura pour effet de nous enrichir et de nous édifier spirituellement dans plusieurs domaines. Elle produit la foi véritable, saine et ferme, la crainte de Dieu, une véritable adoration, la sagesse d'une bonne conduite, la sanctification.

La foi

Une véritable connaissance de Dieu est indispensable à la vraie foi et à tout ce qui en découle, en particulier la vie éternelle, selon la parole même de Jésus :

"Or, la vie éternelle, c'est qu'ils te connaissent, toi, le seul vrai Dieu, et celui que tu as envoyé, Jésus-Christ." Jean 17:3

Cette connaissance engendre une grande confiance en Lui, comme pour Abraham qui après avoir eu la révélation du Dieu Très Haut, du Tout Puissant, d'El Schaddaï, s'est prosterné pour l'adorer et placer en lui son attente confiante.

A plusieurs reprises l'Éternel est apparu à Abraham et au fil des années il s'est révélé à lui, se faisant connaître à tel point qu'il acquit une entière conviction concernant la fidélité et la puissance de Dieu, jusqu'à accepter d'offrir son fils Isaac.

> *"C'est par la foi qu'Abraham offrit Isaac, lorsqu'il fut mis à l'épreuve, et qu'il offrit son fils unique, lui qui avait reçu les promesses, et à qui il avait été dit: En Isaac sera nommée pour toi une postérité. Il pensait que Dieu est puissant, même pour ressusciter les morts; aussi le recouvra-t-il par une sorte de résurrection." Hébreux 11.17/19*
>
> *"Espérant contre toute espérance, il crut, en sorte qu'il devint père d'un grand nombre de nations, selon ce qui lui avait été dit: Telle sera ta postérité. Et, sans faiblir dans la foi, il ne considéra point que son corps était déjà usé, puisqu'il avait près de cent ans, et que Sara n'était plus en*

état d'avoir des enfants. Il ne douta point, par incrédulité, au sujet de la promesse de Dieu; mais il fut fortifié par la foi, donnant gloire à Dieu, et ayant la pleine conviction que ce qu'il promet il peut aussi l'accomplir."
Romains 4.18/21

En croissant dans la connaissance de Dieu Abraham est devenu son ami. Jacques 2.23

Les récits de sa relation avec Dieu nous apprennent combien ils étaient proches.

Abraham savait comment rester près de Dieu. Il passait du temps à méditer, se tenant à l'écart, comme en tête à tête avec l'Eternel.

La foi d'Abraham ne fut pas seulement de croire que Dieu existe, mais surtout qu'il est possible de lui faire confiance, de l'aimer comme un ami et de l'adorer comme le Dieu unique, vivant et vrai.

La sanctification.

Lorsque nous grandissons dans la connaissance de Dieu nous devenons de plus en plus conscients de sa sainteté mais aussi de notre souillure et de notre besoin de progresser dans la sanctification.

Le prophète Esaïe a parfaitement exprimé le sentiment de quelqu'un qui se trouve confronté à la sainteté parfaite de Dieu :

L'année de la mort du roi Ozias, je vis le Seigneur assis sur un trône très élevé, et les pans de sa robe remplissaient le temple.

Des séraphins se tenaient au–dessus de lui ; ils avaient chacun six ailes ; deux dont ils se couvraient la face, deux dont ils se couvraient les pieds, et

> *deux dont ils se servaient pour voler.*
>
> *Ils criaient l'un à l'autre, et disaient: Saint, saint, saint est l'Eternel des armées ! toute la terre est pleine de sa gloire !*
>
> *Les portes furent ébranlées dans leurs fondements par la voix qui retentissait, et la maison se remplit de fumée.*
>
> *Alors je dis : Malheur à moi ! je suis perdu, car je suis un homme dont les lèvres sont impures, j'habite au milieu d'un peuple dont les lèvres sont impures, et mes yeux ont vu le Roi, l'Eternel des armées. Esaïe 6:1-5*
>
> *Colossiens 1:10 "pour marcher d'une manière digne du Seigneur et lui être entièrement agréables, portant des fruits en toutes sortes de bonnes œuvres et croissant par la connaissance de Dieu".*

L'apôtre Paul reproche aux chrétiens de Corinthe leur dissolution et leur dit que c'est le résultat de leur méconnaissance de Dieu.

"Revenez à vous-mêmes, comme il est convenable, et ne péchez point; car quelques-uns ne connaissent pas Dieu, je le dis à votre honte." 1 Corinthiens 15:34

La crainte de Dieu

Lorsque nous devenons conscients de la grandeur, de la gloire et de la souveraineté de Dieu, nous sommes saisis de cette crainte qui est en fait un saint respect envers Lui, produisant l'obéissance à sa Parole :

> *C'est par la foi que Noé, divinement averti des choses qu'on ne voyait pas encore, et saisi d'une crainte respectueuse, construisit une arche pour sauver sa famille ; c'est par elle qu'il condamna le monde, et devint héritier de la justice qui s'obtient par la foi. Hébreux 11:7*

A ce sujet, nous remarquons qu'il y a chez ceux qui confessent appartenir au Seigneur Jésus-Christ, un grand besoin de grandir dans la connaissance du Seigneur de l'univers, le Dieu de gloire et le Père de notre Seigneur Jésus-Christ.

L'apôtre Paul écrivait à Tite au sujets de certaines personnes se disaient croyantes, mais dont la conduite était mauvaises :

> *Ils font profession de connaître Dieu, mais ils le renient par leurs œuvres, étant abominables, rebelles, et incapables d'aucune bonne œuvre. Tite 1:16*

Il priait pour que ceux qui avaient cru et reçu l'Evangile puissent grandir dans cette connaissance afin de marcher d'une manière digne du Seigneur.

> *C'est pour cela que nous aussi, depuis le jour où nous en avons été informés, nous ne cessons de prier Dieu pour vous, et de demander que vous soyez remplis de la connaissance de sa volonté, en toute sagesse et intelligence spirituelle, pour marcher d'une manière digne du Seigneur et lui être entièrement agréables, portant des fruits en toutes sortes de bonnes œuvres et croissant par la connaissance de Dieu, fortifiés à tous égards par sa puissance glorieuse, en sorte que vous soyez toujours et avec joie persévérants et patients. Colossiens 1:9-11*

L'adoration

Jésus a dit que pour être un véritable adorateur, il faut connaître celui qui nous adorons :

> *"Vous adorez ce que vous ne connaissez pas; nous, nous adorons ce que nous connaissons, car le salut vient des Juifs. Mais l'heure vient, et elle est déjà venue, où les vrais adorateurs adoreront le Père en esprit et en vérité; car ce sont là les adorateurs que le Père demande. Dieu est Esprit, et il faut que ceux qui l'adorent l'adorent en esprit et en vérité." Jean 4:22/24*

Connaître Dieu a pour résultat la véritable adoration .

> *"L'Éternel descendit dans une nuée, se tint là auprès de lui, et proclama le nom de l'Éternel. Et l'Éternel passa devant lui, et s'écria: L'Éternel, l'Éternel, Dieu miséricordieux et compatissant, lent à la colère, riche en bonté et en fidélité, qui conserve son amour jusqu'à mille générations, qui pardonne l'iniquité, la rébellion et le péché, mais qui ne tient point le coupable pour innocent, et qui punit l'iniquité des pères sur les enfants et sur les enfants des enfants jusqu'à la troisième et à la quatrième génération!" Exode 34:5-8*

Aussitôt Moïse s'inclina à terre et se prosterna. La révélation de la grandeur de Dieu, de sa nature miséricordieuse, bonne et aimante, la conscience de sa sainteté, sa gloire manifestée, produit une adoration profonde.

Il y a beaucoup à dire concernant la façon d'adorer aujourd'hui. Nous assistons à des réunions, des cultes ou autres rassemblements extrêmement bruyants, agités, extravagants. Les "animateurs" de ces rassemblement confondent ambiance et adoration. Ils introduisent dans "leurs cultes" les ingrédients de ce qui fait le succès des concerts du monde : des sons confus et violents, une sonorisation assourdissante, des gesticulations désordonnées, des danses expressives et provocantes de sensualité. Ce genre de comportement dénote une grande méconnaissance de Dieu, du Seigneur Jésus-Christ et de la manifestation du Saint-Esprit.

Tous ceux qui ont eu la révélation de la gloire de Dieu ont été frappés de sa gloire, de élévation et de sa sainteté, comme l'écrit le prophète :
> *L'année de la mort du roi Ozias, je vis le Seigneur assis sur un trône très élevé, et les pans de sa robe remplissaient le temple. Esaïe 6:1 ¶*

L'apôtre Jean rend un témoignage saisissant de sa vison de la gloire de Dieu et de l'adoration qui lui est rendu dans le ciel :

Après cela, je regardai, et voici, une porte était ouverte dans le ciel. La première voix que j'avais entendue, comme le son d'une trompette, et qui me parlait, dit : Monte ici, et je te ferai voir ce qui doit arriver dans la suite.

Aussitôt je fus ravi en esprit. Et voici, il y avait un trône dans le ciel, et sur ce trône quelqu'un était assis.

Celui qui était assis avait l'aspect d'une pierre de jaspe et de sardoine ; et le trône était environné d'un arc-en-ciel semblable à de l'émeraude.

Autour du trône je vis vingt-quatre trônes, et sur ces trônes vingt-quatre vieillards assis, revêtus de vêtements blancs, et sur leurs têtes des couronnes d'or.

Du trône sortent des éclairs, des voix et des tonnerres. Devant le trône brûlent sept lampes ardentes, qui sont les sept esprits de Dieu.

Il y a encore devant le trône comme une mer de verre, semblable à du cristal. Au milieu du trône et autour du trône, il y a quatre êtres vivants remplis d'yeux devant et derrière.

Le premier être vivant est semblable à un lion, le second être vivant est semblable à un veau, le troisième être vivant a la face d'un homme, et le quatrième être vivant est semblable à un aigle qui vole.

Les quatre êtres vivants ont chacun six ailes, et ils sont remplis d'yeux tout autour et au dedans. Ils ne cessent de dire jour et nuit : Saint, saint, saint est le Seigneur Dieu, le Tout-Puissant, qui était, qui est, et qui vient !

Quand les êtres vivants rendent gloire et honneur et actions de grâces à celui qui est assis sur le trône, à celui qui vit aux siècles des siècles, les vingt-quatre vieillards se prosternent devant celui qui est assis sur le trône, et ils adorent celui qui vit aux siècles des siècles, et ils jettent leurs couronnes devant le trône, en disant:

Tu es digne, notre Seigneur et notre Dieu, de recevoir la gloire et l'honneur et la puissance ; car tu as créé toutes choses, et c'est par ta volonté qu'elles existent et qu'elles ont été créées. Apocalypse 4

Conclusion

La connaissance de Dieu devrait être une des préoccupations principales de ceux qui croient en Lui. De nombreux passages bibliques y associent la bénédiction qui découle de la relation avec Dieu qu'elle produit chez ceux et celles qui en font l'objet de leur recherche.

> *"Connaissons, cherchons à connaître l'Éternel; Sa venue est aussi certaine que celle de l'aurore. Il viendra pour nous comme la pluie, Comme la pluie du printemps qui arrose la terre." Osée 6:3*
>
> *Que le Dieu de notre Seigneur Jésus-Christ, le Père de gloire, vous donne un esprit de sagesse et de révélation, dans sa connaissance, et qu'il illumine les yeux de votre coeur, pour que vous sachiez quelle est l'espérance qui s'attache à son appel, quelle est la richesse de la gloire de son héritage qu'il réserve aux saints, et quelle est envers nous qui croyons l'infinie grandeur de sa puissance, se manifestant avec efficacité par la vertu de sa force. Ephésiens 1.17*

Croire en Dieu

Lorsque nous croyons que Dieu existe et qu'il est le rémunérateur de ceux qui le cherchent, comme l'écrit l'auteur de l'épitre aux Hébreux, nous pouvons nous approcher de Lui avec confiance, mais cette foi n'est pas chez tous et parfois même ceux qui l'ont sont assaillis par le doute lorsque l'épreuve ou des situations incompréhensibles se produisent. Nous serions alors tentés de dire comme beaucoup : Si Dieu existe, pourquoi permet-il cela ? Pourquoi n'agit-il pas ?

N'est-ce pas toujours les mêmes insinuations insidieuses que le tentateur murmure à l'oreille des humains ?

Parce que je sais que la tentation est le lot de tous, j'écris cet article afin d'affirmer notre confiance en Dieu, même si nous ne comprenons pas tout de Lui. Et puis, il faut souvent aller au fond des choses afin de déblayer dans nos cœurs toutes les incertitudes qui peuvent troubler. Comme je vous le disais dans un article précédent, nous devons examiner la qualité de notre foi, selon que l'écrit l'apôtre Paul :

> *Mettez–vous donc vous–mêmes à l'épreuve : examinez votre vie pour voir si vous vivez dans la foi. Oui, faites un peu votre examen de conscience. Ne reconnaissez–vous pas que Jésus–Christ est parmi vous ? A moins que cet examen ne tourne à l'échec, et que votre qualité de chrétiens ne résiste pas à l'épreuve. 2 Corinthiens 13:5 (Version Parole vivante par A.Kuen)*

Qui est Dieu ?

Vous êtes vous posé la question ? Et si oui, avez vous trouvé la bonne réponse ? Car il existe presque autant de réponses que d'individus, chacun se faisant une idée, ou une image de l'Etre suprême, titre que choisissent en général ceux qui n'ont pas d'autres références à son égard.

La réflexion au sujet de Dieu, de son existence, de sa nature, affecte obligatoirement tout être humain raisonnable, croyant ou non. Si nous sommes déjà croyants, cette interrogation n'a pas la même résonnance que si nous sommes athées ou simplement dans le doute.

Concernant l'existence de Dieu, nous pouvons classer les humains en trois groupes principaux : les croyants, les athées et les indécis, dans ce dernier groupe se trouvent des croyants et des incroyants, c'est à dire des personnes qui n'on pas de conviction établie.

Les athées pensent avoir résolu le problème, ils ont délibérément fait un trait sur Dieu. Il n'existe pas, disent-ils! Ils cherchent à se convaincre et à le prouver, souvent en essayant de ridiculiser la Bible et ses "histoires" pour gens crédules ! Il y a belle lurette qu'ils ont résolu la question de la création de l'univers et en cela Darwin les a bien aidés. La vie est apparue toute seule, par hasard, sortie de rien. Et puis ils invoquent toutes sortes d'arguments, pas très persuasifs, il faut l'admettre. Une de leur expression qui revient le plus souvent : Si Dieu existait ... Alors ils citent en exemples, tous les malheurs du monde : injustices, morts violentes, cataclysmes, souffrances, famines, guerres ... sans réfléchir que la plupart de ces choses proviennent du fait que le péché règne dans le monde.

Les douteurs pensent qu'il existe quelqu'un ou quelque chose, à qui ils ne peuvent donner une identité certaine : un dieu ? un être mystérieux ? une force surnaturelle ? une énergie ? l'être suprême ?

Il apparait que c'est aussi difficile, sinon plus, de ne pas croire en Dieu, que d'y croire.

Pourtant, la croyance en l'existence de Dieu s'exprime dans le monde entier sous des formes autant diverses qu'étranges parfois. Les tribus les plus isolées croient en la force d'esprits qui régissent les lois naturelles, la vie et la mort, les événements heureux ou malheureux, les peuples animistes croient que des esprits ou une force vitale, animent les êtres vivants mais aussi les éléments naturels, comme les pierres ou le vent. Les nombreuses religions se font un ou des dieux aux figures parfois étranges.

> *Ceux qui fabriquent des idoles ne sont tous que vanité, Et leurs plus belles œuvres ne servent à rien; Elles le témoignent elles-mêmes: Elles n'ont ni la vue, ni l'intelligence, Afin qu'ils soient dans la confusion.*
>
> *Qui est-ce qui fabrique un dieu, ou fond une idole, Pour n'en retirer aucune utilité? Esaïe 44.9*

Il y a dans le cœur de tout être humain le sentiment confus de l'existence de Dieu que l'on accepte ou que l'on rejette. La plupart du temps la majorité des humains refusent l'effort de la vraie recherche de Dieu pour se refugier dans l'imaginaire. On se fait un dieu à sa ressemblance !

Si nous nous laissons convaincre par la conscience de Dieu, il est normal, même nécessaire, que nous cherchions à savoir qui il est, à le connaître. Pourtant la plupart des gens ne s'en soucient pas.

Pour d'autres tout est acquis, ils ne se posent pas de questions, ils se contentent de ce qu'ils ont reçu des générations précédentes, ils ne remettent rien en cause, ils n'ont pas de conviction personnelle, ils ont adopté celle de leurs parents. Ils ne veulent pas s'embarrasser de choses compliquées, ni se tourmenter l'esprit pour "savoir". Mais est- ce la bonne solution ?

Il est écrit dans la Bible que chercher à connaitre Dieu c'est être intelligent.

> *Que celui qui veut se glorifier se glorifie D'avoir de l'intelligence et de me connaître, De savoir que je suis l'Eternel, Qui exerce la bonté, le droit et la justice sur la terre; Car c'est à cela que je prends plaisir, dit l'Eternel. Jérémie 9:24*

Par contre, affirmer péremptoirement que Dieu n'existe pas est le fait des insensés, dit encore l'Ecriture.

> *L'insensé dit en son cœur : Il n'y a point de Dieu! Psaumes 14:1*

Les croyants ont aussi leurs combats car il n'est pas si facile de croire en Dieu, lorsque nous voulons aller au fond des choses ?

Vous êtes vous déjà posé ces questions : Qui a créé Dieu ? Avant que l'univers soit créé, qu'y avait-il, au tout début de la vie ?

> *Dès le commencement, avant l'origine de la terre ... quand il n'y avait point d'abîmes, Point de sources chargées d'eaux; Avant que les montagnes soient affermies, Avant que les collines existent ... quand Il n'avait encore fait ni la terre, ni les campagnes, Ni le premier atome de la poussière du monde. Proverbes 8.28*

Il y a un moment où nous butons tous sur la limite des connaissances possibles, quand nous n'avons plus de réponses valables. C'est ce que Dieu fera comprendre à Job, les limites de son savoir :

> *Où étais-tu quand je fondais la terre? Dis-le, si tu as de l'intelligence.*
>
> *Qui en a fixé les dimensions, le sais-tu? Ou qui a étendu sur elle le*

> *cordeau?*
>
> *Sur quoi ses bases sont-elles appuyées? Ou qui en a posé la pierre angulaire,*
>
> *Alors que les étoiles du matin éclataient en chants d'allégresse, Et que tous les fils de Dieu poussaient des cris de joie?*
>
> *Qui a fermé la mer avec des portes, Quand elle s'élança du sein maternel;*
>
> *Quand je fis de la nuée son vêtement, Et de l'obscurité ses langes;*
>
> *Quand je lui imposai ma loi, Et que je lui mis des barrières et des portes;*
>
> *Quand je dis: Tu viendras jusqu'ici, tu n'iras pas au delà; Ici s'arrêtera l'orgueil de tes flots? (Lire tout le chapitre 39 du livre de Job)*

Puis :

> *L'Eternel, s'adressant à Job, dit:*
>
> *Celui qui dispute contre le Tout-Puissant est-il convaincu? Celui qui conteste avec Dieu a-t-il une réplique à faire?*
>
> *Job répondit à l'Eternel et dit:*
>
> *Voici, je suis trop peu de chose; que te répliquerais-je? Je mets la main sur ma bouche.*
>
> *J'ai parlé une fois, je ne répondrai plus; Deux fois, je n'ajouterai rien. Job 40.1-5*

Lorsque nous n'avons plus de réponse, il nous faut alors choisir : croire ou ne pas croire. Mais avec quels éléments ? sur quelles fondements ?

Des fondement sûrs

Nous ne pouvons pas construire une foi vraie, ferme, solide, sur des appréciations, des sentiments ou des émotions. Le raisonnement intellectuel donne naissance à des suppositions, des théories aussi nombreuses qu'il existe de courants philosophiques ou religieux.

Quelqu'un a dit : *Dieu existe, je l'ai rencontré !* Or cette affirmation lapidaire n'a de valeur que pour son auteur, dont je ne conteste pas l'expérience. Mais une foi fondée uniquement sur l'expérience personnelle reste subjective et ne peut pas être une référence absolue. Elle doit être confirmée par des évidences.

Pour construire une conviction certaine concernant l'existence de Dieu, il faut des éléments indiscutables. Encore faut il que nous soyons assez honnêtes et humbles pour les reconnaître.

J'écrivais dans un article précédent :
> *Des millions de personnes vivent selon des idées reçues, des coutumes, des traditions, perpétuées de générations en générations et la plupart ne se soucient pas de savoir si le chemin sur lequel on les a placés est le bon.*

Pour construire une assurance personnelle concernant notre foi en Dieu, il est indispensable de se dégager des idées reçues, des théories toutes faites et de la mauvaise foi..

Plusieurs éléments nous incitent à croire en l'existence de Dieu, et nous aident à découvrir qui il est. Ils deviennent évidents pour tous ceux dont le cœur est droit.

La conscience de Dieu

C'est le premier élément, le sentiment intérieur inhérent à tout être humain : la conscience confuse que Dieu existe.

> *Dieu fait toute chose belle en son temps. Il a implanté au tréfonds de l'être humain le sens de l'éternité. Et pourtant, l'homme est incapable de saisir l'œuvre que Dieu accomplit du commencement à la fin. Ecclésiaste 3:11*

C'est à partir de cette pensée intérieure commune à tous que chacun est amené à l'interrogation de la vie, de son origine, de son avenir après la terre et donc de l'existence d'un au-delà et de Dieu. C'est comme si Dieu parlait à chacun, par un questionnement intérieur :

> *Il a fait que tous les hommes, sortis d'un seul sang, habitassent sur toute la surface de la terre, ayant déterminé la durée des temps et les bornes de leur demeure; il a voulu qu'ils cherchassent le Seigneur, et qu'ils s'efforçassent de le trouver en tâtonnant, bien qu'il ne soit pas loin de chacun de nous, car en lui nous avons la vie, le mouvement, et l'être. Actes 17.26-28*

C'e tâtonnement doit nous amener à une démarche plus précise concernant l'existence de Dieu et le but final de la vie.

> *L'Eternel, du haut des cieux, regarde les fils de l'homme, Pour voir s'il y a quelqu'un qui soit intelligent, Qui cherche Dieu. Psaumes 14:2*

Mais il semble que c'est une tâche trop rebutante pour le plus grand nombre, selon qu'il est écrit:

Il n'y a point de juste, Pas même un seul; Nul n'est intelligent, Nul ne cherche Dieu. Romains 3.10,11

L'Ecclésiaste a rappelé la difficulté de cette recherche de Dieu :

J'ai vu à quelle occupation Dieu soumet les fils de l'homme. 3:10

J'ai appliqué mon cœur à rechercher et à sonder par la sagesse tout ce qui se fait sous les cieux: c'est là une occupation pénible, à laquelle Dieu soumet les fils de l'homme. Ecclésiaste 1:13

La pensée de l'existence de Dieu doit amener toute personne à se poser la question des origines. Un des interlocuteurs du Job dit :

> *Interroge les bêtes, elles t'instruiront, Les oiseaux du ciel, ils te l'apprendront;*
>
> *Parle à la terre, elle t'instruira; Et les poissons de la mer te le raconteront.*
>
> *Qui ne reconnaît chez eux la preuve Que la main de l'Eternel a fait toutes choses?*
>
> *Il tient dans sa main l'âme de tout ce qui vit, Le souffle de toute chair d'homme. Job.12.7-10*

L'œuvre du Créateur

C'est le second élément, plus évident que le premier il conduit "le chercheur de Dieu" dans une révélation plus précise de son existence. L'œuvre du divin Créateur est la démonstration de son pouvoir, de son intelligence, de sa sagesse, de ses perfections invisibles.

Rappelons nous simplement ce que l'apôtre Paul écrit :

> *Depuis la création du monde, les œuvres de Dieu parlent à la pensée et à la conscience des hommes de ses perfections invisibles : quiconque sait regarder, peut y discerner clairement sa divinité et sa puissance. Aussi, depuis les temps anciens, les hommes qui ont sous les yeux la terre et le ciel et tout ce que Dieu a créé, ont connu son existence et son pouvoir éternel. Ils n'ont donc aucune excuse de dire qu'ils ne savent pas s'il y a un Dieu. Romains 1:20*

Ce qu'on peut connaitre de Dieu est donc manifeste et tout être humain, même le plus isolé peut en observant l'œuvre créatrice de Dieu, découvrir quel en est l'auteur.

> *Ce n'est pas un langage, ce ne sont pas des paroles dont le son ne soit point entendu:*
>
> *Leur retentissement parcourt toute la terre, Leurs accents vont aux extrémités du monde. Psaume 19.3*

La Bible

C'est le troisième élément qui décrit le plus clairement l'existence de Dieu et la nature de sa personnalité.

Depuis la première page de la Genèse, jusqu'à la dernière de l'Apocalypse, la Bible enseigne avant tout, comment Dieu cherche à établir et à conserver une relation avec les êtres humains. Nous le voyons dès le début, lorsque le soir il parcourt le jardin pour s'entretenir avec Adam et Eve.

Malheureusement l'homme a failli à sa vocation de partenaire de Dieu dans la gestion du patrimoine qui lui avait été confié et sa relation avec le Créateur est devenue compliquée, parfois inexistante.

Cependant tout au long de l'histoire de l'humanité nous observons les différentes façons que Dieu utilise afin de rétablir le contact, notamment par le moyen des alliances successives qu'Il établit avec ceux qu'il appelle, d'abord Noé, puis Abraham et Israël, un peuple à part parmi les nations pour être le témoin de Dieu et enfin par Jésus pour tous ceux qui acceptent de croire en son Nom. C'est la dispensation présente, celle de la foi en Christ.

La Bible est le révélateur le plus complet de Dieu. Par le témoignage d'écrivains inspirés par le Saint-Esprit, la Bible révèle la nature du Dieu éternel, non seulement créateur du ciel, de la terre et de tous les êtres vivants, mais aussi Celui qui prend soin de ses créatures, qui veille et qui soutient toutes choses par sa Parole puissante, le Dieu Sauveur, Père de notre Seigneur Jésus-Christ et le notre. La Bible nous ouvre l'accès à une meilleure connaissance d'un Dieu qui est près de ceux qui l'invoquent et à proximité de tout un chacun.

> *Le Dieu qui a fait le monde et tout ce qui s'y trouve, étant le Seigneur du ciel et de la terre, n'habite point dans des temples faits de main d'homme; il n'est point servi par des mains humaines, comme s'il avait besoin de quoi que ce soit, lui qui donne à tous la vie, la respiration, et toutes choses.*
>
> *Il a fait que tous les hommes, sortis d'un seul sang, habitassent sur toute la surface de la terre, ayant déterminé la durée des temps et les bornes de leur demeure; il a voulu qu'ils cherchassent le Seigneur, et qu'ils s'efforçassent de le trouver en tâtonnant, bien qu'il ne soit pas loin de chacun de nous, car en lui nous avons la vie, le mouvement, et l'être. C'est ce qu'ont dit aussi quelques-uns de vos poètes: De lui nous sommes la race... Actes 17.24*

Tout au long de ses pages le Livre Saint nous révèle le Dieu unique, saint, juste, vrai, bon, miséricordieux, bienveillant, compatissant et infiniment patient.

Le Christ

Jésus-Christ lui-même, à qui les Ecritures rendent témoignage, Lui dont la vie, les œuvres et les paroles, sont rapportées par des témoins oculaires, est le reflet de la nature de Dieu.

> *Personne n'a jamais vu Dieu; le Fils unique, qui est dans le sein du Père, est celui qui l'a fait connaître. Jean 1:18*

> *Jésus lui dit: Je suis le chemin, la vérité, et la vie. Nul ne vient au Père que par moi.*
>
> *Si vous me connaissiez, vous connaîtriez aussi mon Père. Et dès maintenant vous le connaissez, et vous l'avez vu.*
>
> *Philippe lui dit: Seigneur, montre-nous le Père, et cela nous suffit.*
>
> *Jésus lui dit: Il y a si longtemps que je suis avec vous, et tu ne m'as pas connu, Philippe! Celui qui m'a vu a vu le Père; comment dis-tu: Montre-nous le Père?*
>
> *Ne crois-tu pas que je suis dans le Père, et que le Père est en moi? Les paroles que je vous dis, je ne les dis pas de moi-même; et le Père qui demeure en moi, c'est lui qui fait les œuvres.*
>
> *Croyez-moi, je suis dans le Père, et le Père est en moi; croyez du moins à cause de ces œuvres. Jean 14.6*

Peut être que nous ne faisons pas suffisamment le lien entre Jésus-Christ et Dieu ? Le Fils de Dieu est pourtant celui qui peut le mieux nous éclairer à ce sujet.

> *Le Christ est l'image visible du Dieu invisible. Il est le Fils premier–né, supérieur à tout ce qui a été créé.*
>
> *Car c'est par lui que Dieu a tout créé dans les cieux et sur la terre, ce qui est visible et ce qui est invisible, puissances spirituelles, dominations, autorités et pouvoirs. Dieu a tout créé par lui et pour lui. Il existait avant toutes choses, et c'est par lui qu'elles sont toutes maintenues à leur place. Colossiens 1.15*

En contemplant Jésus-Christ nous découvrons Dieu, le Père. En considérant les œuvres accomplies par le Christ, nous voyons les œuvres de Dieu.

> *A la fin des temps, Dieu nous a parlé par son Fils. C'est par lui que Dieu a créé l'univers, et c'est à lui qu'il a destiné la propriété de toutes choses.*

Le Fils reflète la splendeur de la gloire divine, il est la représentation exacte de ce que Dieu est, il soutient l'univers par sa parole puissante.
Hébreux 1.2

L'œuvre de Dieu en nous

Il y a enfin un dernier élément qui confirme les précédents, quant à l'existence de Dieu. Il nous est très personnel, c'est l'œuvre qu'Il accomplit dans notre vie. La réalité des expériences faites avec Dieu : cœur radicalement transformé, mentalité et sentiments changés, exaucement de nos prières, miracles, délivrances, guérisons, manifestations du Saint-Esprit, interventions divines évidentes dans le cours des circonstances de notre vie, etc. Nous avons tous des témoignages de l'œuvre concrète que Dieu a accomplie en notre faveur.

Nous savons de façon certaine comment Dieu est intervenu en nous, lorsque nous avons cru au Seigneur Jésus-Christ, pour certains par un bouleversement soudain, pour d'autres de manière plus subtile, mais tous nous pouvons dire avec assurance : Dieu existe, je l'ai rencontré.

Son œuvre et sa présence dans nos vies sont quotidiennes. Il n'est pas seulement le Dieu d'un moment d'émotion furtive ou d'un miracle passé, il est le Seigneur vivant en nous en permanence, nous en rendant le témoignage quotidien par son Esprit.

En terminant cet article un chant me revient :

Tu es le Dieu puissant,

Tu règnes dans l'univers,

Tu est le Dieu vivant,

Pour nous un Père.

Tu es le Dieu très saint,

Parfait à l'infinie,

Tu est celui qui vient,

Et pour nous un ami.

Nous affirmons l'existence de Dieu comme une évidence absolue. Que vous le croyez ou non, Dieu existe.

> *Il n'y a qu'un seul Dieu, le Père, de qui viennent toutes choses et pour qui nous sommes, et un seul Seigneur, Jésus-Christ, par qui sont toutes choses et par qui nous sommes. 1 Corinthiens 8:6*

C"est peut être cela qui répugne aux incroyants, reconnaitre que tout est dépendant de Dieu et de son Fils Jésus-Christ. Ils sentent confusément ou plus précisément que croire en Dieu conduit logiquement à se soumettre à Lui, le reconnaissant comme Dieu Tout Puissant et Souverain.

Et puis croire en Dieu ne veut pas seulement dire que Dieu existe, cela les démons le croient aussi et ils tremblent, dit la Bible.

> *Tu crois qu'il y a un seul Dieu, tu fais bien; les démons le croient aussi, et ils tremblent. Jacques 2:19*

Si elle n'est pas la recherche d'une spéculation intellectuelle dont le but est d'augmenter notre savoir ou satisfaire notre curiosité, notre foi produira la crainte de Dieu c'est à dire un saint respect envers lui, la véritable adoration selon l'esprit, une grande confiance en Lui, la sagesse d'une bonne conduite en examinant ce qui lui est agréable, l'aspiration à son règne par Jésus-Christ.

Lorsque nous avons acquis la certitude de l'existence de Dieu, nous pouvons prier selon les instructions de Christ :

> *Notre Père qui es aux cieux! Que ton nom soit sanctifié; que ton règne vienne; que ta volonté soit faite sur la terre comme au ciel.*
>
> *Donne-nous aujourd'hui notre pain quotidien; pardonne-nous nos offenses, comme nous aussi nous pardonnons à ceux qui nous ont offensés; ne nous induis pas en tentation, mais délivre-nous du malin. Car c'est à toi qu'appartiennent, dans tous les siècles, le règne, la puissance et la gloire. Amen! Matthieu 6.9-13*

Connaître Dieu par Son Nom

De nos jours, le nom ou le prénom d'une personne établit son identité, sans signification particulière marquante, du moins pour la plupart des gens.

Dans la Bible, on attribue au nom une grande importance car il y a une relation directe entre le nom et la personne, sa nature profonde qu'il a pour but de révéler. Il exprime la personnalité à tel point que, connaître le nom de quelqu'un, c'est le connaître intimement et même en un sens avoir prise sur lui.

Nous en avons un exemple frappant dans le récit de Genèse 32, lorsque Jacob lutta avec l'ange qui lui apparut :

> *Genèse 32:29 "Jacob l'interrogea, en disant: Fais-moi je te prie, connaître ton nom. Il répondit: Pourquoi demandes-tu mon nom? Et il le bénit là."*

Dans un autre endroit, nous retrouvons le même comportement devant l'ange de Dieu :

> *Juges 13.17/18 "Et Manoach dit à l'ange de l'Éternel: Quel est ton nom, afin que nous te rendions gloire, quand ta parole s'accomplira? L'ange de l'Éternel lui répondit: Pourquoi demandes-tu mon nom? Il est merveilleux."*

Une traduction dit : C'est un mystère, c'est à dire une chose cachée.

> *Juges 13:18 "L'Ange de l'Éternel lui répondit : Pourquoi demandes–tu mon nom ? C'est un mystère."*

Selon la Parole de Dieu, connaître le nom signifie : entrer dans le secret de la personne qui le porte, la connaître intimement, donc établir avec elle une relation privilégiée. Jésus dit des choses très importantes dans le domaine de la connaissance réciproque :

> Jean 10:14 "Je suis le bon berger. Je connais mes brebis, et elles me connaissent."
>
> Jean 10.2/4 "Mais celui qui entre par la porte est le berger des brebis. Le portier lui ouvre, et les brebis entendent sa voix; il appelle par leur nom les brebis qui lui appartiennent, et il les conduit dehors. Lorsqu'il a fait sortir toutes ses propres brebis, il marche devant elles; et les brebis le suivent, parce qu'elles connaissent sa voix."

Jésus dit : "Je connais mes brebis et elle me connaissent." Et encore "Il appelle par leur nom les brebis qui lui appartiennent". Si vous voulez être entendu d'une personne que vous appelez dans une foule, il vaut mieux que vous connaissiez son nom. Lorsque nous prions Dieu, nous ne parlons pas à un être inconnu. Nous invoquons Celui que nous connaissons.

> Psaumes 9:10 "Ceux qui connaissent ton nom se confient en toi. Car tu n'abandonnes pas ceux qui te cherchent, ô Éternel!"

Il est écrit :

> "... quiconque invoquera le nom du Seigneur sera sauvé." Romains 10:13

Nous pourrions traduire le verset 14 de ce passage de la façon suivante : "Comment invoqueront-ils celui qu'ils ne connaissent pas La connaissance du Nom de Dieu affermit notre confiance en Lui."

> *Proverbes 18:10 "Le nom de l'Éternel est une tour forte; Le juste s'y réfugie, et se trouve en sûreté."*

Que Dieu nous accorde un esprit de révélation dans sa connaissance, au moyen des noms qui lui sont attribués dans la Bible, afin d'établir avec lui une véritable communion, une relation réelle et intime.

Dans l'ancienne alliance, le mystère de Dieu n'est pas pleinement révélé, mais en Jésus-Christ, le voile qui ferme l'accès au lieu très saint se déchire et nous avons une libre entrée dans la présence de Dieu. Un des noms donné à Jésus est justement celui dont il est dit qu'il est "merveilleux" ou "admirable" selon les version bibliques...

> *Esaïe 9:6 "Car un enfant nous est né, un fils nous a été donné, et le gouvernement sera sur son épaule ; et on appellera son nom, Merveilleux, Conseiller, Dieu fort, Père du siècle, Prince de paix."*

En Christ, le Dieu mystérieux et merveilleux, nous est pleinement révélé. Il est Emmanuel, c'est à dire "Dieu avec nous" Les noms donnés à Dieu dans la Bible El = Dieu Sous ce nom, Dieu est nommé plus de 3600 fois dans la Bible. C'est celui que nous prononçons nous-mêmes le plus souvent. Jésus appelait son Père : "Mon Dieu" ... Les psalmistes l'emploient aussi fréquemment :

> *Psaumes 57:5 "Élève-toi sur les cieux, ô Dieu! Que ta gloire soit sur toute la terre!"*
>
> *Psaumes 57:7 "Mon cœur est affermi, ô Dieu! mon coeur est affermi; Je chanterai, je ferai retentir mes instruments."*

Dans les langues cananéenne et chaldéenne, Dieu se disait "El" et les descendants d'Abraham devaient se servir de ce nom commun pour désigner leur divinité.

Aujourd'hui, dans les cultes païens, le nom "dieu" est attribué à de nombreuses divinités, représentées sous différentes formes, souvent féminines : des déesses. D'autre part certains parlent de l'être suprême, du grand esprit, de l'être invisible. etc. En fait, pour beaucoup il s'agit d'un dieu "inconnu" que l'on vénère parfois bizarrement ou que l'on ignore ou encore que l'on combat en voulant nier son existence. Nous devons connaître le Dieu en qui nous croyons et que nous invoquons :

> *Psaumes 9:10 "Ceux qui connaissent ton nom se confient en toi. Car tu n'abandonnes pas ceux qui te cherchent, ô Éternel !"*

La Parole de Dieu, la Bible, nous enseigne à ce sujet et c'est par elle que nous pouvons acquérir la meilleure connaissance du Nom de Dieu. Dans la Bible, le nom "El" prend un caractère tout nouveau. De nom commun, il devient nom propre, le nom du Dieu unique et incomparable, seul vrai Dieu.

> *Esaïe 45:5 "Je suis l'Éternel, et il n'y en a point d'autre, hors moi il n'y a point de Dieu ..."*

Pour bien souligner ce caractère d'un Dieu unique, le nom "El" = Dieu ,s'accompagne toujours d'une épithète qui souligne un aspect, une vertu du même Dieu: El-Schaddai - El-Elion - El-Olam - El-Ganna - El-Hai Nous en verrons la signification un peu plus loin. Dieu s'est toujours révélé par un nom qui définit sa nature. Lorsque nous lisons les noms de Dieu dans notre langue, nous ne réalisons pas toujours toute la signification et la puissance qu'ils renferment, parce que justement chez nous le nom n'a pas de signification particulière. Mais dans la Bible, et surtout pour Dieu, le nom a un sens précis. Par exemple, lorsque Dieu a établi formellement son alliance avec Abraham, il s'est présenté à lui sous le nom de El-Schaddaï : Dieu Tout-Puissant : Genèse 171/8. Cela signifiait que El Schaddaï, a le pouvoir de tenir et d'accomplir sa promesse.

Les noms qui sont donnés à Dieu révèlent mieux que tout autre chose, qui il est, quel est son pouvoir, sa nature et ses vertus.

1. Elohim

est certainement l'une des plus anciennes appellations du Dieu de la révélation. Ce nom se trouve dans les récits bibliques de la création et de l'époque patriarcale. La Bible seule connaît ce terme. Elohim est dérivé d'une racine signifiant "être fort, puissant". Ce nom du Dieu puissant convient particulièrement au Dieu Créateur selon les deux premiers chapitres de la Genèse, où il est constamment employé. Il revient 2312 fois dans l'Ancien Testament.

Le nom "Elohim" est un pluriel. Il désigne l'unité parfaite du Père, du Fils et de l'Esprit Saint. Les trois en un.

> *Genèse 1:26 "Puis Dieu [Elohim] dit: Faisons l'homme à notre image, selon notre ressemblance..."*
>
> *Genèse 3.22: "l'homme est devenu comme l'un de nous..."*

Il est remarquable de constater que le nom "Elohim" qui est un pluriel d'excellence, réunissant toutes les perfections divines, est associé à des verbes au singulier : Elohim "créa" (du mot hébreux : bara')

> *Genèse 1:1 "Au commencement, Dieu [Elohim] créa les cieux et la terre."*

Pour revenir au nom primitif "El", lorsqu'il désigne le nom du Dieu unique et incomparable, il s'accompagne toujours d'une épithète qui souligne un aspect, une vertu du même Dieu : El-Schaddaï : Dieu Tout-Puissant, Genèse. 17.1 – Celui pour qui tout est possible, rien n'est impossible à Dieu. El-Elion : Dieu Très Haut, Gn. 14.18 – Dieu souverain, Celui qui est élevé au dessus de toutes créatures, célestes, terrestres, infernales. El-Olam - Dieu de l'Éternité, Gn. 21.33 – Celui qui n'a ni commencement ni fin. El-Ganna- Dieu Jaloux, Ex. 20.5 – Celui qui aime d'un amour exclusif. "Nul ne peut servir deux maîtres" dit Jésus. On ne peut aimer Dieu et aimer ce qui est ennemi de Dieu. El-Hai - Dieu vivant, Jos. 3.10 – Celui qui est par lui-même. Celui de qui vient toute vie.

2. L'Eternel - Yahvé

Yahvé, est le nom le plus employé dans l'Ancien Testament : 6499 fois. Il est rendu en français par l'Éternel. Il se présente sous la forme d'un quatre consonnes Y H V H. C'est par YaH VeH, ou Yahvé, qu'il convient de le traduire, et non par le mot "Jéhovah". Il apparaît pour la première fois, lorsque l'Éternel apparaît à Moïse dans le buisson en feu et lui révèle sous quel nom Israël devait le servir.

> *Exode 3.13/16 "Moïse dit à Dieu: J'irai donc vers les enfants d'Israël, et je leur dirai: Le Dieu de vos pères m'envoie vers vous. Mais, s'ils me demandent quel est son nom, que leur répondrai-je? Dieu dit à Moïse: Je suis celui qui suis. Et il ajouta: C'est ainsi que tu répondras aux enfants d'Israël: Celui qui s'appelle "je suis" m'a envoyé vers vous. Dieu dit encore à Moïse: Tu parleras ainsi aux enfants d'Israël: L'Éternel, le Dieu de vos pères, le Dieu d'Abraham, le Dieu d'Isaac et le Dieu de Jacob, m'envoie vers vous. Voilà mon nom pour l'éternité, voilà mon nom de génération en génération."*

Y.H.V.H est le nom sacré que les juifs ne prononçaient pas, car il exprime l'essence même de la nature de Dieu : "Je suis". Ils devaient lui substituer le mot Adonaï =

Seigneur. C'est pour permettre la lecture du nom ineffable que ceux qui ont écrit les textes de l'Ancien Testament eurent l'idée d'accompagner les 4 consonnes Y H V H des voyelles appartenant au substantif Seigneur : Adonaï. Le lecteur juif ne s'y trompait pas; il savait qu'il avait sous les yeux 2 mots en 1, l'un tout en voyelles et l'autre tout en consonnes.

Plus tard, les traducteurs chrétiens transcrivirent fautivement par "Jéhovah", exprimant ainsi un seul mot là où il y en avait deux. YHVH, ou Yahvé, est traduit d'une manière plus juste par l'Éternel, qui exprime son vrai sens : "Celui qui est". Il est le Dieu unique qui est de toute éternité, sans commencement ni fin, éternel. La racine du nom "Yahvé" est à la fois "être" et "vivre". Celui qui est vivant. Ce nom exprime deux choses en particulier : la nature de l'Être éternellement présent (Je suis), qui est à l'origine et au terme de toute existence, Dieu unique, incomparable, sans limitation, l'affirmation de la fidélité divine, dont la parole est immuable, éternelle, à son image. Immortalité, vérité et fidélité sont réunies en Yahvé. Il nous est impossible de comprendre cette dimension divine, mais il nous est possible de le croire. C'est par la foi ... Hébreux 11.

D'autres expressions composées avec le nom de Yahvé complètent la révélation de la providence divine et de son salut. - Yahvé-Jiré, "L'Éternel pourvoira" Ge 22.13-14 - Yahvé-Rapha, "l'Éternel qui te guérit" Ex 15.26 - Yahvé-Nissi, "L'Éternel ma bannière" Ex 17.15 - Yahvé-Schalom, "L'Éternel Paix" Jud 6.24 - Yahvé-Raah , "L'Éternel mon berger" Ps 23.1 - Yahvé-Tsidkenu, "L'Éternel notre justice". Jer 23.6.

En vérité, l'Éternel, le Dieu vivant et rédempteur répond à tous les besoins de notre être.

3. Adonaï = Seigneur

C'est le nom qui marque la souveraineté absolue de Dieu, sur toutes choses et sur toute créature. Il se présente dans la Bible comme celui qui opère toutes choses d'après le conseil de sa volonté.

Éphésiens 1.11 "Qui lui dira que fais-tu ?"

Esaïe 45.5/9 "Je suis l'Éternel, et il n'y en a point d'autre, Hors moi il n'y a point de Dieu; Je t'ai ceint, avant que tu me connusses. C'est afin que l'on sache, du soleil levant au soleil couchant, Que hors moi il n'y a point de Dieu: Je suis l'Éternel, et il n'y en a point d'autre. Je forme la lumière, et je crée les ténèbres, Je donne la prospérité, et je crée l'adversité; Moi, l'Éternel, je fais toutes ces choses. Que les cieux répandent d'en haut Et que les nuées laissent couler la justice! Que la terre s'ouvre, que le salut y fructifie, Et qu'il en sorte à la fois la délivrance! Moi, l'Éternel, je crée ces choses. Malheur à qui conteste avec son créateur! -Vase parmi des vases de terre! -L'argile dit-elle à celui qui la façonne: Que fais-tu? Et ton oeuvre: Il n'a point de mains?"

Romains 9.18/21 "Ainsi, il fait miséricorde à qui il veut, et il endurcit qui il veut. Tu me diras: Pourquoi blâme-t-il encore? Car qui est-ce qui résiste à sa volonté? O homme, toi plutôt, qui es-tu pour contester avec Dieu? Le vase d'argile dira-t-il à celui qui l'a formé: Pourquoi m'as-tu fait ainsi? Le potier n'est-il pas maître de l'argile, pour faire avec la même masse un vase d'honneur et un vase d'un usage vil ?"

Ce nom Adonaï = Seigneur, est aussi donné à Jésus-Christ et à l'Esprit de Dieu, précisant leur souveraineté réciproque dans une unité parfaite : Père, Fils et Saint-Esprit (voir les études suivantes : La personnalité du Seigneur Jésus-Christ et La personnalité du Saint-Esprit). Elohim et ses dérivés, Yahvé et ses composants, Adonaï, sont des noms qui contiennent en eux les différentes vertus de Dieu :

Dieu est esprit. si certains prophètes ont une révélation de Dieu, personne ne l'a vu réellement, ni son visage, ni sa personne.

Dieu est amour, il est bon, patient, miséricordieux, compatissant, bienveillant ... Il a toutes les qualités de l'amour parfait.

Dieu est juste. Il n'y a aucune injustice en Lui, ni de favoritisme ... Il juge avec justice.

Dieu est saint. Il est séparé du péché, il est parfaitement pur, il ne peut même pas être tenté par le mal .

Dieu est lumière. Il n'y a point en lui de ténèbres ...

Dieu est immuable, Il n'y a en lui ni changement, ni ombre de variation. Il demeure éternellement le même.

Dieu est éternel. Il n'a ni commencement, ni fin. "Il est", tout simplement.

Enfin, il y a un nom que nous prononçons avec un sentiment très particulier à l'égard de Dieu, c'est celui de "Père". Abba, Père.

L'expression "Dieu le Père" se trouve souvent dans les paroles du Seigneur Jésus-Christ et les écrits de ses apôtres.

> *1 Corinthiens 8:6 "néanmoins pour nous il n'y a qu'un seul "Dieu, le Père", de qui viennent toutes choses et pour qui nous sommes, et un seul Seigneur, Jésus-Christ, par qui sont toutes choses et par qui nous sommes."*

C'est le nom de Dieu par excellence qui nous est révélé en Jésus-Christ, son Fils, c'est celui que nous pouvons prononcer avec assurance. En premier lieu, nous devons considérer Dieu comme le Père de notre Seigneur Jésus-Christ, ainsi que l'appellent les apôtres Paul, Pierre et Jude Jésus lui-même se plait à souligner cette filiation : "... mon Père qui est dans les cieux." Matthieu 7.21 – 11.27 Il prie Dieu en l'appelant "Père", c'est à dire "Abba" en araméen : Matthieu 11.25/26. Il appelle Dieu son propre Père, dans une expression que les juifs comprenaient bien : sa réelle filiation divine avec Dieu, sa nature divine de Fils de Dieu.

> *Jean 5:18 "A cause de cela, les Juifs cherchaient encore plus à le faire mourir, non seulement parce qu'il violait le sabbat, mais parce qu'il appelait Dieu son propre Père, se faisant lui-même égal à Dieu."*

Jésus proclame ainsi son origine divine. Nous pourrions relever tous les passages dans lesquels Jésus présente Dieu comme son propre Père, environ cinquante fois dans les quatre Évangiles, mais citons simplement une de ses dernières prières :

> *Matthieu 26:39 "Mon Père, s'il est possible, que cette coupe s'éloigne de moi! Toutefois, non pas ce que je veux, mais ce que tu veux."*

Dieu notre Père Jésus l'a affirmé à plusieurs à plusieurs reprises à ses disciples en leur disant : Votre Père qui est dans les cieux, votre Père céleste. Matthieu 5. 16,45,48, etc.

> *Jean 20:17 "Jésus lui dit : Mais va trouver mes frères, et dis-leur que je monte vers mon Père et votre Père, vers mon Dieu et votre Dieu."*

Le Seigneur Jésus-Christ nous invite à considérer Dieu comme "Notre Père céleste" : Ton Père qui voit dans le secret ... Notre Père qui est dans les cieux ... Votre Père qui donne de bonnes choses à ses enfants qui les lui demandent. Lorsque vous priez dites : "Notre Père qui es dans les cieux", etc.

Il y a dès notre conversion et notre foi en Jésus, une réalité spirituelle qui se produit : Nous naissons enfants de Dieu, par l'action du Saint-Esprit : Jean 1.12.13. Cette réalité spirituelle est indispensable pour entrer dans le royaume de Dieu : Jean 3.5. Si Jésus est Fils de Dieu, par sa nature divine, nous le sommes par adoption.

> *"Dieu nous a prédestinés dans son amour à être ses enfants d'adoption par Jésus-Christ, selon le bon plaisir de sa volonté." Éphésiens 1:5*

Romains 8.15 : C'est en nous. Ce n'est pas seulement écrit dans la Bible, mais ça l'est aussi dans notre cœur par le Saint-Esprit qui nous rend conscients de notre filiation avec Dieu notre Père céleste.

> *"Et parce que vous êtes fils, Dieu a envoyé dans nos cœurs l'Esprit de son Fils, lequel crie: Abba! Père!" Galates 4.6.*

Nous savons que nous sommes maintenant enfants de Dieu, non seulement parce qu'Il nous le dit dans les Écritures, mais parce que le Saint-Esprit en rend témoignage à notre cœur ! Jean 1.12/14 – 3.1/6.

> *Romains 8:15/16. "Et vous n'avez point reçu un esprit de servitude, pour être encore dans la crainte; mais vous avez reçu un Esprit d'adoption, par lequel nous crions: Abba ! Père! L'Esprit lui-même rend témoignage à notre esprit que nous sommes enfants de Dieu."*

Il nous vient alors tout à fait spontanément d'appeler Dieu "Notre Père", lorsque nous prions, comme nous l'enseigne le Seigneur Jésus-Christ : Matthieu 6. C'est le privilège merveilleux de tout enfant de Dieu, que de pouvoir appeler le Dieu Très-Haut : "Abba, Père" Mais cela engage aussi des responsabilités :

"Si vous invoquez comme Père celui qui juge selon l'œuvre de chacun, sans acception de personnes, conduisez-vous avec crainte pendant le temps de votre pèlerinage." 1 Pierre 1: 17.

"Je serai pour vous un père, Et vous serez pour moi des fils et des filles, Dit le Seigneur tout-puissant. Ayant donc de telles promesses, bien-aimés, purifions-nous de toute souillure de la chair et de l'esprit, en achevant notre sanctification dans la crainte de Dieu." 2 Corinthiens 6:18

Rappelons-nous la parole que le Seigneur Tout Puissant (El-Shaddaï) adressa à Abraham : "Marche devant ma face et sois intègre !" Genèse 17.1

Connaître Dieu comme Père

Si nous voulons le prier avec confiance et foi, nous devons aussi chercher à mieux connaître Dieu. C'est le but de l'étude qui suit.

Selon la parole de Jésus, nous apprenons que la connaissance de Dieu comme Père vient d'une révélation.

> *"Toutes choses m'ont été données par mon Père, et personne ne connaît le Fils, si ce n'est le Père; personne non plus ne connaît le Père, si ce n'est le Fils et celui à qui le Fils veut le révéler."* Matthieu 11:27

Par l'observation et une saine réflexion, nous pouvons connaître Dieu ou du moins le reconnaître comme le créateur de l'Univers.

> *"Les perfections invisibles de Dieu, sa puissance éternelle et sa divinité, se voient comme à l'œil, depuis la création du monde, quand on les considère dans ses ouvrages."* Romains 1.18/21

Par la lecture de la Bible, nous avons une autre perspective de la connaissance de Dieu et nous devons admettre que nous sommes parfois déroutés par Ses jugements.

Les Écritures corroborent le témoignage de l'Univers, en y ajoutant les récits des interventions de Dieu dans la vie des hommes, que ce soit dans ses bénédictions en leur faveur ou par ses jugements qui peuvent choquer certaines personnes.

Reconnaissons humblement que notre incompréhension des jugements divins vient de notre incapacité naturelle à concevoir la gravité du péché et ses terribles conséquences.

Prenons un exemple : Les chirurgiens procèdent souvent à l'ablation d'organes malades, atteints de graves affections, pour sauver le reste du corps. Nous le comprenons très bien, car il s'agit de choses visibles, sensibles, physiques. Dans le domaine des choses spirituelles nous sommes plus embarrassés, car notre connaissance est limitée et entachée d'imperfections. Nous essayons d'entrer dans l'espace infini, éternel et parfait de Dieu, avec notre pauvre intelligence obscurcie, comme il est écrit :

> *"Ils ont l'intelligence obscurcie, ils sont étrangers à la vie de Dieu, à cause de l'ignorance qui est en eux, à cause de l'endurcissement de leur cœur."*
> *Éphésiens 4:18*

Nous devons apprendre à faire confiance à Dieu, à sa justice, aux raisons qu'Il a d'agir et que nous ne comprenons pas, à sa bonté qui nous semble parfois absente. Les Écritures nous parlent de la bonté et de la sévérité de Dieu que nous devons prendre en considération.

> *"Considère donc la bonté et la sévérité de Dieu: sévérité envers ceux qui sont tombés, et bonté de Dieu envers toi, si tu demeures ferme dans cette bonté; autrement, tu seras aussi retranché."* Romains 11:22

Lorsque Dieu intervient par des jugements sévères (déluge, feu sur Sodome et Gomorrhe, plaies contre les Égyptiens, jugements contre Israël et aussi dans l'Église (Actes 5.1 - 1 Corinthiens 11.30/32) c'est qu'Il n'y a pas d'autre solution pour préserver l'avenir de l'humanité ou de son peuple. Accepter cela, c'est aussi croire en Dieu.

Revenons à "Connaître Dieu comme un Père". Le seul qui peut nous révéler Dieu parfaitement c'est le Seigneur Jésus-Christ, selon que nous le découvrons dans la Parole de Dieu :

"Personne n'a jamais vu Dieu; le Fils unique, qui est dans le sein du Père, est celui qui l'a fait connaître." Jean 1:18.

A un de ses disciples qui lui demandait de leur montrer le Père, Jésus a répondu : "Il y a si longtemps que je suis avec vous, et tu ne m'as pas connu, Philippe ! Celui qui m'a vu a vu le Père; comment dis-tu: Montrenous le Père?" Jean 14:9.

Le Seigneur avait dit avant :

"Je suis le chemin, la vérité, et la vie. Nul ne vient au Père que par moi. Si vous me connaissiez, vous connaîtriez aussi mon Père. Et dès maintenant vous le connaissez, et vous l'avez vu." Jean 14.6/7.

Jésus est donc l'image de Dieu, Il est "l'image du Dieu invisible." Colossiens 1:15.

"Il est l'empreinte de sa personne, le reflet de sa gloire." Hébreux 1.3.

Si nous voulons connaître Dieu le Père, sa nature sainte, juste, pure, bonne, compatissante, miséricordieuse, patiente, toute puissante, etc., il nous faut regarder Jésus, selon qu'il a dit "Celui qui m'a vu a vu le Père".

Le Saint-Esprit nous fait prendre conscience du fait que Dieu est notre Père et que nous sommes ses enfants, mais la connaissance de Dieu comme notre Père nous est donnée par la révélation que nous avons en Jésus-Christ son Fils unique. Il est donc très important que nous connaissions le Seigneur Jésus-Christ, qui est exactement semblable à son Père.

Beaucoup aiment le Fils de Dieu, à cause de sa bonté, sa compassion, son amour, sa miséricorde, sa bienveillance, son humanité, etc., cependant ils n'arrivent pas à concilier l'amour du Fils et l'amour du Père.

Si nous aimons Jésus, nous aimerons aussi le Père, nous ne pouvons pas les dissocier l'un de l'autre car ils sont parfaitement unis. Jésus dit :

> *"Moi et le Père nous sommes un." Jean 10:30.*

Et encore :

> *"Quiconque nie le Fils n'a pas non plus le Père; quiconque confesse le Fils a aussi le Père." 1 Jean 2:23.*

Ainsi nous voyons que si nous sommes en communion avec Jésus, nous le serons aussi avec le Père. Ils sont semblables et Jésus a dit que les oeuvres qu'il a faites sont les oeuvres de son Père qui l'a envoyé dans ce but.

Peut-être aussi omettons-nous de voir en Jésus une certaine sévérité, les évangiles nous le montrant comme faisant du bien. Mais il ne faut pas oublier certaines de ses paroles très sévères pour certains et aussi qu'un jour le Fils de Dieu sera assis sur le trône de sa gloire, jugeant sans concession, sans favoritisme, les oeuvres des hommes : Matthieu 25.31. Celui qui est rempli de douceur est aussi "celui dont les yeux sont comme une flamme de feu et les pieds comme de l'airain ardent".

> *"Ses yeux étaient comme une flamme de feu; ses pieds étaient semblables à de l'airain ardent, comme s'il eût été embrasé dans une fournaise; et sa*

voix était comme le bruit de grandes eaux." Apocalypse 1.14/15.

Dans notre recherche de la connaissance de Dieu, nous ne devons négliger aucun aspect de sa personne, mais appliquer notre cœur à accepter le Seigneur dans la plénitude de ses perfections."

> *"Ne vous y trompez pas, mes frères bien-aimés: toute grâce excellente et tout don parfait descendent d'en haut, du Père des lumières, chez lequel il n'y a ni changement ni ombre de variation." Jacques 1:16/17.*

> *"Et si vous invoquez comme Père celui qui juge selon l'œuvre de chacun, sans acception de personnes, conduisez-vous avec crainte pendant le temps de votre pèlerinage." 1 Pierre 1:17.*

Je ne puis que vous encourager à vous appliquer, par la lecture des Évangiles en particulier et du Nouveau Testament en général, sans négliger ce qui le concerne dans l'Ancien Testament, à rechercher tout ce qui regarde la personne de Jésus, le Fils de Dieu, à observer ses comportements, ses sentiments, à être attentifs à ses paroles. Alors en progressant dans la connaissance de Jésus, vous progresserez aussi dans la connaissance de Dieu, votre Père céleste.

Dieu, notre Père

Dieu, le Seigneur Tout-Puissant dit :

"Je serai pour vous un père, Et vous serez pour moi des fils et des filles." 2 Corinthiens 6:18.

A partir de ce passage, je vais m'efforcer de vous parler de notre relation avec Dieu, le Père, ou plutôt de la relation que LUI veut établir avec nous, les humains. Dans la Bible, Dieu se présente tour à tour comme :

Le créateur du ciel et de la terre, Elohim : Genèse 1.1.

Le Dieu Très Haut, El-Elion : Gn. 14.18.

Le Dieu Tout-Puissant, El Shaddaï : Genèse 17.1.

Le Dieu de l'Éternité, El-Olam : Gn. 21.33.

Le Dieu vivant, El-Hai : Jos. 3.10.

L'Éternel, Yahvé, ou plutôt YHVH "Celui qui est" : Exode 3.14, exprimé par "Adonaï" = Le Seigneur.

> *Exode 34.5/6 "L'Éternel descendit dans une nuée, se tint là auprès de lui, et proclama le nom de l'Éternel. Et l'Éternel passa devant lui, et s'écria: L'Éternel, l'Éternel, Dieu miséricordieux et compatissant, lent à la colère, riche en bonté et en fidélité, qui conserve son amour jusqu'à mille générations, qui pardonne l'iniquité, la rébellion et le péché, mais qui ne*

tient point le coupable pour innocent, et qui punit l'iniquité des pères sur les enfants et sur les enfants des enfants jusqu'à la troisième et à la quatrième génération! Aussitôt Moïse s'inclina à terre et se prosterna."

C'est le Dieu très grand, très haut, très Saint devant lequel tout genoux fléchit pour adorer.

Bien d'autres noms sont donnés à Dieu dans la Bible et chacun souligne un attribut divin, une face de sa personnalité, par exemple Yahvé-rapha = l'Éternel guérit. Cependant, il y a un nom excellent dont Dieu lui-même s'est attribué, que nous trouvons quelques fois dans l'Ancien Testament, mais surtout très souvent, dans le Nouveau Testament, c'est celui de Père. Ce que je veux faire ressortir dans la présente étude, c'est la qualité de Dieu comme un Père, car c'est cette conscience de Dieu qui nous manque le plus.

> *"Comme un père a compassion de ses enfants, L'Éternel a compassion de ceux qui le craignent."* Psaumes 103:13.
>
> *"Le père des orphelins, le défenseur des veuves, C'est Dieu dans sa demeure sainte."* Psaumes 68:5
>
> *"Car l'Éternel châtie celui qu'il aime, Comme un père l'enfant qu'il chérit."* Proverbes 3:12

Dieu est un Père

Déjà, sous l'ancienne alliance l'Éternel se présentait dans sa relation avec Israël comme un Père avec ses enfants.

> *Jérémie 31:9 "Ils viennent en pleurant, et je les conduis au milieu de leurs supplications; Je les mène vers des torrents d'eau, Par un chemin uni où ils ne chancellent pas; Car je suis un père pour Israël,"*

Osée 11:1 "Quand Israël était jeune, je l'aimais, Et j'appelai mon fils hors d'Égypte.

Et Israël le reconnaissait ainsi, comme Celui qui leur avait donné naissance, qui présidait à leur destinée.

> *Esaïe 63:7 à 19, Versets 15/16 "Regarde du ciel, et vois, De ta demeure sainte et glorieuse: Où sont ton zèle et ta puissance? Le frémissement de tes entrailles et tes compassions Ne se font plus sentir envers moi. Tu es cependant notre père, Car Abraham ne nous connaît pas, Et Israël ignore qui nous sommes; C'est toi, Éternel, qui es notre père, Qui, dès l'éternité, t'appelles notre sauveur."*

La Nouvelle Alliance que Dieu établit avec ceux qui croient en Jésus-Christ est fondée sur un principe essentiel exposé dans l'Evangile de Jean :

> *A tous ceux qui l'ont reçue, à ceux qui croient en son nom, elle a donné le pouvoir de devenir enfants de Dieu, lesquels sont nés, non du sang, ni de la volonté de la chair, ni de la volonté de l'homme, mais de Dieu. Jean 1.12*

Cette vérité fondamentale est fortement présente dans l'enseignement de Jésus, soit dans ces po=propres paroles, soit dans les écrits de ses disciples.

Dieu a voulu de toute éternité, bien avant que le monde soit créé, établir une relation de Père avec ceux qui deviendraient ses enfants par la foi en Jésus-Christ son Fils unique.

> *"Béni soit Dieu, le Père de notre Seigneur Jésus-Christ, qui nous a bénis de toutes sortes de bénédictions spirituelles dans les lieux célestes en Christ! En lui Dieu nous a élus avant la fondation du monde, pour que nous soyons saints et irrépréhensibles devant lui, * nous ayant prédestinés dans son amour à être ses enfants d'adoption par Jésus-Christ, selon le bon plaisir de sa volonté, à la louange de la gloire de sa grâce qu'il nous a accordée en son bien-aimé." Éphésiens 1.3/6*

"Car ceux qu'il a connus d'avance, il les a aussi prédestinés à être semblables à l'image de son Fils, afin que son Fils fût le premier-né entre plusieurs frères." Romains 8:29

"Et ceux qu'il a prédestinés, il les a aussi appelés; et ceux qu'il a appelés, il les a aussi justifiés; et ceux qu'il a justifiés, il les a aussi glorifiés." Romains 8:30

La connaissance de Dieu comme notre Père nous est révélée dans les Ecritures, puis dans la personne et les paroles de Jésus-Christ et enfin par le témoignage du Saint-Esprit dans notre cœur.

Toutes choses m'ont été données par mon Père, et personne ne connaît qui est le Fils, si ce n'est le Père, ni qui est le Père, si ce n'est le Fils et celui à qui le Fils veut le révéler. Luc 10:22

Et parce que vous êtes fils, Dieu a envoyé dans nos cœurs l'Esprit de son Fils, lequel crie: Abba ! Père ! Galates 4:6

"Nous recevons reçu un Esprit d'adoption, par lequel nous crions: Abba! Père! L'Esprit lui-même rend témoignage à notre esprit que nous sommes enfants de Dieu." Romains 8.15/16

Dieu le Père du Seigneur Jésus-Christ

C'est ce que nous devons considérer dans un premier temps. C'est ainsi que le nomment dans leurs écrits les apôtres Paul et Pierre :

"Béni soit Dieu, le Père de notre Seigneur Jésus-Christ, le Père des miséricordes et le Dieu de toute consolation." 2 Corinthiens 1:3

"Béni soit Dieu, le Père de notre Seigneur Jésus-Christ, qui nous a bénis de toutes sortes de bénédictions spirituelles dans les lieux célestes en Christ!" Éphésiens 1:3

> *"Nous rendons grâces à Dieu, le Père de notre Seigneur Jésus-Christ,"* Colossiens 1:3

> *"Béni soit Dieu, le Père de notre Seigneur Jésus-Christ,"* 1 Pierre 1:3

Jésus lui-même se plait à souligner cette filiation et Il prie Dieu en l'appelant "Père", c'est à dire "Abba" en araméen. Matthieu 11.25/26.

> *En ce temps-là, Jésus prit la parole, et dit: Je te loue, Père, Seigneur du ciel et de la terre, de ce que tu as caché ces choses aux sages et aux intelligents, et de ce que tu les as révélées aux enfants.*
>
> *Oui, Père, je te loue de ce que tu l'as voulu ainsi.*
>
> *Toutes choses m'ont été données par mon Père, et personne ne connaît le Fils, si ce n'est le Père; personne non plus ne connaît le Père, si ce n'est le Fils et celui à qui le Fils veut le révéler.*

> *"Jésus leva les yeux en haut, et dit: Père, je te rends grâces de ce que tu m'as exaucé."* Jean 11:41

Il appelle Dieu son propre Père, dans une expression que les juifs comprenaient bien : sa réelle filiation divine avec Dieu, sa nature divine de Fils de Dieu.

> *A cause de cela, les Juifs cherchaient encore plus à le faire mourir, non seulement parce qu'il violait le sabbat, mais parce qu'il appelait Dieu son propre Père, se faisant lui-même égal à Dieu. Jean 5:18*

Jésus proclame ainsi son origine divine. Nous pourrions relever tous les passages dans lesquels Jésus présente Dieu comme son propre Père, mais citons simplement une de ses dernières prières :

"Mon Père, s'il est possible, que cette coupe s'éloigne de moi! Toutefois, non pas ce que je veux, mais ce que tu veux." Matthieu 26:39

Dieu est notre Père

Nous sommes maintenant enfants de Dieu, comme le proclame l'apôtre Jean et le fait de préciser maintenant signifie ue cela n'a pas toujours été et n'est pas naturel.

> *Nous étions par nature des enfants de colère, comme les autres...*
>
> *Mais Dieu, qui est riche en miséricorde, à cause du grand amour dont il nous a aimés, nous qui étions morts par nos offenses, nous a rendus à la vie avec Christ. Ephésiens 2.3*

Lorsque nous croyons au Seigneur Jésus-Christ et le recevons comme notre Sauveur et Seigneur personnel, une réalité spirituel se produit : nous naissons enfants de Dieu, par l'action du Saint-Esprit.

> *A tous ceux qui l'ont reçue, à ceux qui croient en son nom, elle a donné le pouvoir de devenir enfants de Dieu, lesquels sont nés, (1-13) non du sang, ni de la volonté de la chair, ni de la volonté de l'homme, mais de Dieu." Jean 1.12.13.*

Dieu, le Créateur, le Dieu Très Haut et très Saint, le Tout-Puissant, le Père de notre Seigneur Jésus-Christ devient notre Père céleste et nous pouvons l'appeler ainsi, comme le dit Jésus :

> *Mais quand tu pries, entre dans ta chambre, ferme ta porte, et prie ton Père qui est là dans le lieu secret; et ton Père, qui voit dans le secret, te le rendra. Matthieu 6:6*

> *Voici donc comment vous devez prier: Notre Père qui es aux cieux!*
> Matthieu 6:9

Si nous prions seul, nous pouvons alors dire a Dieu : >P>ère, mon Père qui est dans les cieux ... comme le faisait Jésus. Quel privilège !

Et si nous sommes plusieurs assemblés nous disons : Notre père qui est dans les cieux !

Nous sommes vraiment devenus enfants de Dieu, dès le moment où nous avons cru en Jésus de tout notre cœur, même si nous ne portons pas encore toutes les caractéristiques de notre filiation avec notre Père céleste.

> *"Voyez quel amour le Père nous a témoigné, pour que nous soyons appelés enfants de Dieu! Et nous le sommes. Si le monde ne nous connaît pas, c'est qu'il ne l'a pas connu. Bien-aimés, nous sommes maintenant enfants de Dieu, et ce que nous serons n'a pas encore été manifesté; mais nous savons que, lorsque cela sera manifesté, nous serons semblables à lui, parce que nous le verrons tel qu'il est." 1 Jean 3.1/2*

C'est donc avec une entière assurance que nous pouvons appeler Dieu notre Père, comme Jésus l'a affirmé à de nombreuses reprises : Matthieu 5.16,45,48 - 6.1,4,8,9,14,26,32, - 7.11. etc.

Enfants de Dieu, frères de Jésus-Christ

Bien sur, lisez frères et sœurs de Jésus-Christ, c'est à dire enfants de la famille de Dieu, selon sa propre volonté, comme il est écrit :

> *"Nous ayant prédestinés dans son amour à être ses enfants d'adoption par Jésus-Christ, selon le bon plaisir de sa volonté," Éphésiens 1:5*

"En lui nous sommes aussi devenus héritiers, ayant été prédestinés suivant la résolution de celui qui opère toutes choses d'après le conseil de sa volonté," Ephésiens 1:11.

Le Seigneur Jésus-Christ, lui-même, nous place à ses côtés dans une nouvelle relation filiale qui unit ceux qui croient en lui, avec son Père, cvomme il le dit à Marie de Magdala, après sa résurrection :

"Va trouver mes frères, et dis-leur que je monte vers mon Père et votre Père, vers mon Dieu et votre Dieu." Jean 20:17.

Nous entrons par la foi dans cette dimension de notre vie nouvelle en Christ, sans aucune crainte, car lui-même n'a pas honte de nous appeler ses frères, lorsqu'il dit:

"J'annoncerai ton nom à mes frères, Je te célébrerai au milieu de l'assemblée" (Ecclésia = l'Église). Hébreux 2.11/12

Jésus nous presse à considérer Dieu comme "Notre Père céleste" :

"Ton Père qui voit dans le secret" ... *"Votre Père qui donne de bonnes choses à ses enfants qui les lui demandent"* ... *"Votre Père sait ce dont vous avez besoin"* ... *"Lorsque vous priez dites : Notre Père qui es dans les cieux"* etc.

Nous avons acquis cette certitude non seulement parce le Seigneur nous l'affirme par ses paroles, mais aussi parce que le Saint-Esprit, l'Esprit de Christ, l'Esprit de Dieu le Père, nous en rend le témoignage intérieur. Le fait que Dieu l'ai envoyé en notre cœur est le gage que nous sommes ses enfants.

"Et parce que vous êtes fils, Dieu a envoyé dans nos cœurs l'Esprit de son Fils, lequel crie: Abba! Père!" Galates 4.6.

Cette réalité n'est pas seulement écrite dans le Livre, mais elle l'est surtout dans notre cœur, par le Saint-Esprit, nous rendant conscients de notre filiation ave Dieu notre Père céleste.

Parmi les nombreuses choses que le Saint-Esprit opère en nous, il y en a deux qui sont très particulières et qui concernent notre relation avec Dieu et avec le Seigneur Jésus-Christ :

. Il nous révèle que Dieu est notre Père céleste : Romains 8.16.

. Il nous révèle que Jésus-Christ est Seigneur : 1 Corinthiens 12.3 - Jean 16.14 - 15.26.

C'est un fait indiscutable, nous le savons, nous en avons l'assurance absolue, et nous le confessions hardiment.

> *"Et vous n'avez point reçu un esprit de servitude, pour être encore dans la crainte; mais vous avez reçu un Esprit d'adoption, par lequel nous crions: Abba ! Père!" L'Esprit lui-même rend témoignage à notre esprit que nous sommes enfants de Dieu." Romains 8:15/16.*

Appeler Dieu notre Père, lui dire simplement : Père ! nous vient alors tout à fait spontanément, lorsque nous prions, ou lorsque nous parlons de Lui.

C'est le privilège merveilleux de tout enfant de Dieu, que de pouvoir considérer avec assurance le Dieu Très-Haut, le tout Puissant, le Créateur du ciel et de la terre, comme son propre Père.

> *Christ est venu annoncer la paix à vous qui étiez loin, et la paix à ceux qui étaient près; car par lui nous avons les uns et les autres accès auprès du*

Père, dans un même Esprit.

Ainsi donc, vous n'êtes plus des étrangers, ni des gens du dehors; mais vous êtes concitoyens des saints, gens de la maison de Dieu. Éphésiens 2:17

Enfants d'adoption

Adam a été appelé fils de Dieu parce qu'il a été créé directement par Dieu. Les anges sont appelés "fils de Dieu" car eux aussi sont des créatures directe de Dieu.

Jésus est le Fils unique de Dieu, par sa nature divine. Et nous nous sommes devenus enfants de Dieu par adoption.

"Dieu nous a prédestinés dans son amour à être ses enfants d'adoption par Jésus-Christ, selon le bon plaisir de sa volonté." Ephésiens 1:5.

"Et vous n'avez point reçu un esprit de servitude, pour être encore dans la crainte; mais vous avez reçu un Esprit d'adoption, par lequel nous crions: Abba! Père!" Romains 8:15

Dieu nous a adoptés en nous engendrant par le Saint-Esprit en Jésus-Christ. C'est une opération spirituelle. Jean 1.13 Jacques 1:18

Il nous a engendrés selon sa volonté, par la parole de vérité, afin que nous soyons en quelque sorte les prémices de ses créatures.

Une belle image nous fait comprendre le principe de cette adoptio spirituelle : la greffe du rameau sauvage sur l'olivier franc.

tu as été coupé de l'olivier naturellement sauvage, et enté contrairement à ta nature sur l'olivier franc ... Romains 11:24

Lorsqu'un rameau est greffer sur un tronc, la vie de l'arbre sur lequel il a été greffé lui est communiqué. De même nous avons été par la grâce de Dieu greffer sur Jésus-Christ et sa vie de fils de Dieu ous est maintenant communiquée. C'est aussi l'image que Jésus donne avec la parabole du cep et des sarment. Jean 15

Si par les lois de l'adoption dans la société humane un enfant devient légalement l'enfant à part entière de ses parents adoptifs et eur héritier légal, le sang; donc la vie naturelle de ses parents adoptifs ne coule pas dans ses veines.

Par contre ceux qui deviennent enfants de Dieu reçoivent en eux par le Saint-Esprit la nature de leur Père céleste, la vie même de Dieu et du Seigneur Jésus-Christ : 2 Pierre 1.4.

Nous jouissons alors de merveilleux et nombreux privilèges, dont celui de venir avec confiance, assurance et reconnaissance, devant le trône de notre Père céleste, le grand Dieu de l'Univers, le Père de Notre Seigneur Jésus-Christ. Nous sommes assurés de son amour infini, de sa bonté de Père, de sa bienveillance, de ses compassions, de sa providence constante pour tous les besoins de notre vie terrestre et éternelle. En devenant enfants de Dieu, nous sommes devenus héritiers de Dieu, cohéritiers de Christ, entrant dans le même héritage glorieux : Romains 8.17.

Honorer notre Père

Les familles humaines sont de pus en plus confrontées aux conflits, à la rébellion des enfants, aux scandales, à l'égoïsme, etc ...

Combien de fils et de filles de familles déshonorent le nom qu'ils portent par une conduite honteuse et condamnable.

Le fait que nous soyons devenus enfants de Dieu, implique que nous fassions honneur à son nom par notre conduite.

> *Comme des enfants obéissants, ne vous conformez pas aux convoitises que vous aviez autrefois, quand vous étiez dans l'ignorance.*
>
> *Mais, puisque celui qui vous a appelés est saint, vous aussi soyez saints dans toute votre conduite, selon qu'il est écrit: Vous serez saints, car je suis saint. 1 Pierre 1: 17.*

Aimer notre Père

Il va de soit, ou du moins il devrait en être ainsi, que nous ayons pour notre Père céleste un grand amour et un profond attachement.

> *Voyez quel amour le Père nous a témoigné, pour que nous soyons appelés enfants de Dieu! Et nous le sommes. Si le monde ne nous connaît pas, c'est qu'il ne l'a pas connu.*
>
> *Pour nous, nous l'aimons, parce qu'il nous a aimés le premier. 1 Jean 4:19*

Conclusion :

> *Dieu l'a dit: J'habiterai et je marcherai au milieu d'eux; je serai leur Dieu, et ils seront mon peuple.*
>
> *C'est pourquoi, Sortez du milieu d'eux, Et séparez-vous, dit le Seigneur; Ne touchez pas à ce qui est impur, Et je vous accueillerai.*
>
> *Je serai pour vous un père, Et vous serez pour moi des fils et des filles, Dit le Seigneur tout-puissant.*
>
> *Ayant donc de telles promesses, bien-aimés, purifions-nous de toute souillure de la chair et de l'esprit, en achevant notre sanctification dans la crainte de Dieu. 2 Corinthiens 6.16*

Le Père vous aime

C'est par cette parole affirmative de Jésus (Jean 16.27) que je voudrais aider chacun à prendre conscience de l'amour de Dieu comme Père, le Père de notre Seigneur Jésus-Christ, notre Père.

Souvent, nous cherchons en dehors de Lui les solutions à nos problèmes, la réponse à nos besoins, le secours dans nos détresses et nos épreuves. Aussi est-il important que nous soyons de plus en plus conscients de cette vérité proclamée par Jésus :

> *"Le Père lui-même vous aime."*

Le Seigneur a prononcé cette parole dans un contexte très particulier. Ses disciples étaient troublés et attristés par la proximité de ses souffrances, de sa mort et l'annonce de son prochain départ. Ils se trouvaient certainement désemparés à l'idée de ne plus l'avoir près d'eux afin de lui confier leurs questions et leurs demandes. C'est alors que Jésus leur affirme qu'ils peuvent s'adresser eux-mêmes au Père, car il les aime.

> *Jean 16:26-27 "En ce jour, vous demanderez en mon nom, et je ne vous dis pas que je prierai le Père pour vous; car le Père lui-même vous aime, parce que vous m'avez aimé, et que vous avez cru que je suis sorti de Dieu."*

D'après ce que je perçois dans ma propre vie et dans celle de bien des chrétiens, nous connaissons mal Dieu comme notre Père céleste. Beaucoup se comportent à son égard comme avec une idole. Une statue qu'ils ont placé dans un temple ou dans leur maison ou encore un Dieu virtuel dont ils se construisent une image dans leur pensée. En tout cas, la plupart du temps, un Dieu loin d'eux, de leurs préoccupations et activités quotidiennes. Ils viennent comme devant une présence mystérieuse, se prosternent et lui parlent, puis ils s'en vont à leurs occupations. Ils s'imaginent que la présence de Dieu ne se trouve que dans un temple ou dans un pièce de leur maison ou même dans un coin de leur pensée, à certains moments.

Cependant nous ne devons pas oublier que le Dieu Éternel, le Seigneur de la terre et du ciel, le Père de notre Seigneur Jésus-Christ, ne ressemble pas à un Dieu que nous inventerions selon notre propre conception. Il ne nous quitte pas des yeux quel que soit le lieu ou nous nous trouvons. Il est attentif à toutes nos activités et il connaît même toutes nos pensées.

Nous pouvons savoir cela par la Bible : Psaume 139. Nous le percevons comme le Dieu élevé, très grand, tout-puissant et terrible. Quoique nous le disions omniscient et omniprésent, nous avons du mal à être conscients de sa proximité. Alors, bien souvent nous n'osons pas et nous ne savons pas avoir une relation directe avec lui.

Aussi cherchons-nous quelque interlocuteur qui nous intimide moins. C'est pour cela que de nombreuses personnes se font des idoles, des images qui leur ressemblent, s'adressant à des personnages qui ont été placés en évidence par les systèmes religieux : des saints, des saintes, des personnages mythiques, que l'on élève au rang d'intercesseurs, de médiateurs ou d'intervenants mystérieux.

Nous savons et nous croyons que Dieu est l'Éternel, le Créateur du ciel et de la terre, le Tout-Puissant, mais nous devons aussi le connaître comme le Dieu-Père, qui se préoccupe de notre bien-être et veut que tous aient la vie éternelle.

Cela est réel pour tous les humains et c'est en partie dans ce but que Jésus est venu pour nous le révéler.

> *Jean 1:18 "Personne n'a jamais vu Dieu; le Fils unique, qui est dans le sein du Père, est celui qui l'a fait connaître."*
>
> *Luc 10:22 "Toutes choses m'ont été données par mon Père, et personne ne connaît qui est le Fils, si ce n'est le Père, ni qui est le Père, si ce n'est le Fils et celui à qui le Fils veut le révéler."*
>
> *Colossiens 1:15 "Il est l'image du Dieu invisible, le premier-né de toute la création."*
>
> *Jean 14:9 "Jésus lui dit: Il y a si longtemps que je suis avec vous, et tu ne m'as pas connu, Philippe! Celui qui m'a vu a vu le Père; comment dis-tu: Montre-nous le Père?"*

Jésus nous révèle que ce Dieu-Père désire avoir avec nous une relation paternelle, ce qu'il est vraiment pour tous ceux qui croient en Christ, ses enfants, nés de Lui, par l'Esprit. Dieu le Père nous aime. C'est Jésus lui-même qui nous le révèle, avec le profond désir de nous conduire à Lui, afin que nous ayons avec Lui la même relation que Lui-même a avec son Père.

> *Jean 16.22/27 "Vous donc aussi, vous êtes maintenant dans la tristesse; mais je vous reverrai, et votre cœur se réjouira, et nul ne vous ravira votre joie. En ce jour-là, vous ne m'interrogerez plus sur rien. En vérité, en vérité, je vous le dis, ce que vous demanderez au Père, il vous le donnera en mon nom. Jusqu'à présent vous n'avez rien demandé en mon nom. Demandez, et vous recevrez, afin que votre joie soit parfaite. Je vous ai dit ces choses en paraboles. L'heure vient où je ne vous parlerai plus en paraboles, mais où je vous parlerai ouvertement du Père. En ce jour, vous demanderez en mon nom, et je ne vous dis pas que je prierai le Père pour vous; car le Père lui-même vous aime, parce que vous m'avez aimé, et que vous avez cru que je suis sorti de Dieu."*

Nous l'avons bien compris, Jésus parle ici d'une relation particulière que ceux qui ont cru en lui et qui l'aiment doivent avoir avec son Père. Et il en parle dans le contexte de la prière.

L'amour de Dieu, c'est évident, s'étend à tous les hommes :

> *Jean 3:16 "Car Dieu a tant aimé le monde qu'il a donné son Fils unique, afin que quiconque croit en lui ne périsse point, mais qu'il ait la vie éternelle."*
>
> *Tite 2:11 "Car la grâce de Dieu, source de salut pour tous les hommes, a été manifestée. Cependant, il y a une relation de Dieu avec ceux qui croient en son Fils qui est particulière : c'est une relation d'amour du Père avec ses enfants."*

Nous ne répèterons jamais assez que l'essentiel de la Bonne Nouvelle, c'est que nous devenions enfants de Dieu, c'est à cela qu'Il a destiné ceux qui croiraient en son Fils.

> *"Il nous a prédestinés dans son amour à être ses enfants d'adoption par Jésus-Christ, selon le bon plaisir de sa volonté,"* Éphésiens 1:5.

Nous devons entrer dans cette dimension de l'amour de Dieu-Père envers nous qui avons reçu Jésus, son Fils unique, comme Saveur et Seigneur. Nous savons que l'amour de Dieu est infini, nous ne pouvons ici-bas en connaître les dimensions tellement il est élevé, profond, étendu : Éphésiens 3.18.

L'amour de notre Père céleste touche tous les domaines de notre vie personnelle : spirituelle, quotidienne, familiale, conjugale, professionnelle, ecclésiale, etc.

L'amour de notre Père céleste est caractérisée par sa vigilance constante, sa fidélité sans faille, sa compassion profonde, sa miséricorde inlassable, sa bienveillance infinie, sa grande tendresse comparée à celle d'une mère qui console son enfant : Esaïe 66.13.

Nous pouvons retrouver dans les Écritures, les nombreux passages qui nous parlent des vertus de Dieu le Père à l'égard de ses enfants. Plus j'avance dans cette recherche de la connaissance de Dieu notre Père, plus je comprends le bien-fondé de cette parole de Jésus :

"Prie ton Père !"

Et plus je me sens bien, sans crainte, heureux et tellement paisible dans la présence de mon Père céleste, qui est attentif à tous mes besoins et plein de tendre sollicitude à mon égard, m'écoutant avec bonté et patience lorsque je le prie au Nom de Jésus mon Sauveur. Ma prière, en faisant cette étude, c'est que chacun de ceux qui me lisent soit persuadé de l'importance de cette relation filiale avec Dieu, non seulement dans la prière, mais encore dans tous les domaines de notre vie.

L'amour du Père

Dans un article précédent je vous ai entretenu au sujet de Dieu notre Père et je terminais par ces paroles de l'apôtre Jean :

> *Voyez quel amour le Père nous a témoigné, pour que nous soyons appelés enfants de Dieu! Et nous le sommes. Si le monde ne nous connaît pas, c'est qu'il ne l'a pas connu. 1 Jean 3.1*

C'est le même apôtre qui écrit : Si quelqu'un aime le monde, l'amour du Père n'est point en lui.

Ici l'apôtre souligne qu'il y a incompatibilité entre aimer le monde et aimer Dieu. Il va jusqu'à dire que si nous aimons le monde nous n'avons pas en nous d'amour pour le Père. C'est aussi ce que dit plus énergiquement l'apôtre Jacques :

> *Adultères que vous êtes! ne savez-vous pas que l'amour du monde est inimitié contre Dieu? Celui donc qui veut être ami du monde se rend ennemi de Dieu. Jacques 4:4*

Quelqu'un peut avoir de la sympathie pour Dieu, être attaché à des pratiques religieuses ou a une forme de piété, ressentir une crainte peureuse ou proclamer son admiration du Dieu Créateur de l'univers. Cependant la Bible, déjà dans la loi de Moïse et plus tarit par l'enseignement de Jésus-Christ parle d'un autre sentiment beaucoup plus noble et important concernant la relation des êtres humains avec Dieu.

> *Tu aimeras le Seigneur, ton Dieu, de tout ton cœur, de toute ton âme, et de toute ta pensée.*

Nous posons souvent la même question concernant les choses que nous pratiquons dans le cadre de notre foi chrétienne : Qu'est ce qui est le plus important, telle pratique ou telle autre ?

Les pharisiens, ayant appris qu'il avait réduit au silence les sadducéens, se rassemblèrent, et l'un d'eux, docteur de la loi, lui fit cette question, pour l'éprouver:

Maître, quel est le plus grand commandement de la loi?

Jésus lui répondit: Tu aimeras le Seigneur, ton Dieu, de tout ton cœur, de toute ton âme, et de toute ta pensée.

C'est le premier et le plus grand commandement.

Et voici le second, qui lui est semblable: Tu aimeras ton prochain comme toi-même.

De ces deux commandements dépendent toute la loi et les prophètes.
Matthieu 22. 34/40

Jésus n'a pas repris les dix paroles, données à Moïse, mais il s'est situé sur un autre terrain, celui de la motivation de l'obéissance à la loi de Dieu.

Voici le premier: Écoute, Israël, le Seigneur, notre Dieu, est l'unique Seigneur; et: Tu aimeras le Seigneur, ton Dieu, de tout ton cœur, de toute ton âme, de toute ta pensée, et de toute ta force.

Voici le second: Tu aimeras ton prochain comme toi-même. Il n'y a pas d'autre commandement plus grand que ceux-là.

Certains en ont déduit que Jésus n'avait donné à ses disciples que ces seuls deux commandement, alors que nous savons qu'il en laissé beaucoup d'autres : des enseignements, des instructions que nous devons mettre en pratique. Matthieu 28.19/20

Le Seigneur a seulement mis en évidence que la pratique des commandements divins et de ses enseignements devait résulter de notre amour.

> *Si vous m'aimez, gardez mes commandements. Jean 14:15*
>
> *Celui qui a mes commandements et qui les garde, c'est celui qui m'aime; et celui qui m'aime sera aimé de mon Père, je l'aimerai, et je me ferai connaître à lui. Jean 14:21*

C'est que que Jésus va enseigner à nouveau à ses disciples, non seulement à ceux qui le suivaient à l'époque mais a tous ceux qui auront accepter sa parole, dans toutes les générations :

> *Allez, faites de toutes les nations des disciples, les baptisant au nom du Père, du Fils et du Saint-Esprit, et enseignez-leur à observer tout ce que je vous ai prescrit. Et voici, je suis avec vous tous les jours, jusqu'à la fin du monde. Matthieu 28.19*
>
> *Comme Jésus parlait ainsi, plusieurs crurent en lui.*
>
> *Et il dit aux Juifs qui avaient cru en lui: Si vous demeurez dans ma parole, vous êtes vraiment mes disciples. Jean 8.30*

Ecrits dans notre cœur

Dieu avait lui-même gravé sur des tables de pierres les dix commandements (ou dix paroles) donnés à Moïse pour le peuple d'Israël. Exode 20.1 à 17

L'Eternel attendait de son peuple qu'il l'aime suffisamment pour lui obéir. Mais nous savons aussi combien souvent ils ont failli car leur était difficile d'aimer le Seigneur au point de lui rester fidèles.

Un passage de la Bible doit attirer notre attention :

> *Voici l'alliance que je ferai avec eux, Après ces jours-là, dit le Seigneur: Je mettrai mes lois dans leurs cœurs, Et je les écrirai dans leur esprit, Hébreux 10:16*

La loi de Moïse avait été placée dans l'arche de l'alliance et on peut dire que les paroles de Dieu étaient à l'extérieur de la vie des Israélites, même s'ils en avaient des copies sur les portes de leurs maisons ou sur leur front.

Dans la Nouvelle Alliance que Dieu fait en Jésus-Christ notre être intérieur devient le sanctuaire de Dieu, le temple du Saint-Esprit et la demeure de Christ.

> *Si quelqu'un m'aime, il gardera ma parole, et mon Père l'aimera; nous viendrons à lui, et nous ferons notre demeure chez lui.*

Lors de notre conversion notre cœur devient le centre de notre nouvelle relation avec Dieu et avec Christ par le Saint-Esprit. Une autre loi vient remplacer l'ancienne loi religieuse faite de contraintes et de peur, la loi d'amour par le Saint-Esprit.

> *... l'amour de Dieu est répandu dans nos cœurs par le Saint-Esprit qui nous a été donné. Romains 5:5*

Nous oublions trop souvent l'importance de l'œuvre du Saint-Esprit qui peut nous rendre capables d'aimer Dieu et de nous donner la force de pratiquer les enseignements de Christ.

> *A cause de cela, je fléchis les genoux devant le Père, duquel tire son nom toute famille dans les cieux et sur la terre, afin qu'il vous donne, selon la richesse de sa gloire, d'être puissamment fortifiés par son Esprit dans*

> *l'homme intérieur, en sorte que Christ habite dans vos cœurs par la foi; afin qu'étant enracinés et fondés dans l'amour, vous puissiez comprendre avec tous les saints quelle est la largeur, la longueur, la profondeur et la hauteur, et connaître l'amour de Christ, qui surpasse toute connaissance, en sorte que vous soyez remplis jusqu'à toute la plénitude de Dieu. Ephésiens 3.14-19*

Il est important que nous laissions Dieu faire en nous par son Esprit ce qui lui est agréable et pour cela nous devons accepter qu'il règne en nous. C'est la première partie de la prière que Jésus nous enseigne :

> *Notre Père qui es aux cieux! Que ton nom soit sanctifié; que ton règne vienne; que ta volonté soit faite sur la terre comme au ciel. Matthieu 6.9*

Il ne s'agit pas seulement d'une manière générale dans le monde ou dans l'Eglise, mais dans notre vie personnelle.

C'est du cœur que viennent les sources de la vie.

> *Garde ton cœur plus que toute autre chose, Car de lui viennent les sources de la vie. Proverbes 4:23*

C'est dans notre cœur que naissent nos sentiments et nos pensées, c'est souvent lui qui détermine nos actes et que se définissent nos priorités. Les raisons du cœur sont parfois insaisissables, irraisonnables. Quand on donne son cœur on donne sa vie. Dieu dit "Mon fils donne moi ton cœur" Proverbes 23:26

Permettons à l'Esprit de Dieu d'y écrire la loi de Christ, d'y graver ses enseignements et ses préceptes et d'y enraciner ses sentiments.

Pourquoi aimer Dieu ?

Premièrement le Seigneur, l'Éternel, est le Dieu unique et notre Dieu personnel : "Ton" Dieu.

Il n'y a qu'un seul Dieu et ce Dieu est le notre : "mon" Dieu

Ensuite le Seigneur nous demande de l'amer. C'est même un commandement, le premier.

> *Tu aimeras le Seigneur, ton Dieu, de tout ton cœur, de toute ton âme, de toute ta pensée, et de toute ta force. Marc 12.29*

Enfin parce qu'il nous aime. C'est même la raison principale de notre amour pour Lui :

Pour nous, nous l'aimons, parce qu'il nous a aimés le premier. *1 Jean 4:19*

> *L'amour de Dieu est répandu dans nos cœurs par le Saint-Esprit qui nous a été donné.*
>
> *Car, lorsque nous étions encore sans force, Christ, au temps marqué, est mort pour des impies.*
>
> *A peine mourrait-on pour un juste; quelqu'un peut-être mourrait-il pour un homme de bien.*
>
> *Mais Dieu prouve son amour envers nous, en ce que, lorsque nous étions encore des pécheurs, Christ est mort pour nous. Romains 5.5*

La preuve de cet amour touche notre cœur, nous remplit de reconnaissance et d'amour envers Dieu. Luc 7:47

Apprendre à aimer le Seigneur

Beaucoup se demandent comment est-il possible d'aimer Dieu ?

D'abord, nous ne pouvons pas aimer quelqu'un que nous ne connaissons pas, donc pour aimer Dieu il faut le connaître.

Il y a une recherche de la connaissance de Dieu :

> *Connaissons, cherchons à connaître l'Éternel; Sa venue est aussi certaine que celle de l'aurore. Il viendra pour nous comme la pluie, Comme la pluie du printemps qui arrose la terre. Osée 6:3*

> *Que celui qui veut se glorifier se glorifie D'avoir de l'intelligence et de me connaître, de savoir que je suis l'Éternel, qui exerce la bonté, le droit et la justice sur la terre; car c'est à cela que je prends plaisir, dit l'Éternel. Jérémie 9:24*

Et comment le connaître si ce n'est dans ses œuvres, dans sa Parole et surtout dans la personne de son Fils Jésus, venu nous révéler le Père dans sa nature de bonté, de compassion, de miséricorde, d'amour et de vraie justice.

> *Jésus dit: Je suis le chemin, la vérité, et la vie. Nul ne vient au Père que par moi.*

> *Si vous me connaissiez, vous connaîtriez aussi mon Père. Et dès maintenant vous le connaissez, et vous l'avez vu. Philippe lui dit: Seigneur, montre-nous le Père, et cela nous suffit.*

> *Jésus lui dit: Il y a si longtemps que je suis avec vous, et tu ne m'as pas connu, Philippe! Celui qui m'a vu a vu le Père; comment dis-tu: Montre-nous le Père ?*

> *Ne crois-tu pas que je suis dans le Père, et que le Père est en moi? Les paroles que je vous dis, je ne les dis pas de moi-même; et le Père qui demeure en moi, c'est lui qui fait les oeuvres. Jean 14.6/10*

Il y a une connaissance intime et personnelle dont Jésus nous parle :

> *Celui qui a mes commandements et qui les garde, c'est **celui qui m'aime; et celui qui m'aime sera aimé de mon Père, je l'aimerai, et je me ferai connaître à lui**. Jean 14:21*

> *Si quelqu'un m'aime, il gardera ma parole, et mon Père l'aimera; **nous viendrons à lui**, et nous ferons notre demeure chez lui. Jean 14:23*

Il s'agit de la connaissance qui est le résultat de notre communion, notre relation spirituelle avec Dieu notre Père, sa présence en nous, dont le Saint-Esprit témoigne.

Lorsque nous contemplons les œuvres de Dieu, nous pouvons lui rendre gloire et l'adorer comme Dieu unique, tout puissant, plein de sagesse et de perfections, le Créateur.

Mais lorsque nous contemplons l'œuvre de la rédemption en Jésus-Christ, à la croix, alors nous découvrons le Dieu d'amour.

> *Car Dieu a tant aimé le monde qu'il a donné son Fils unique, afin que quiconque croit en lui ne périsse point, mais qu'il ait la vie éternelle. Jean 3:16*

> *Dieu prouve son amour envers nous, en ce que, lorsque nous étions encore des pécheurs, Christ est mort pour nous. Romains 5.8*

Comment aimer Dieu ?

De tout notre cœur :

Il ne s'agit pas d'un amour partagé. Jésus est très précis à ce sujet : de "tout" votre cœur. Ce mot "tout" revient aussi pour les autres éléments qui expriment notre amour : l'âme, la pensés, la force.

Au sujet de notre cœur, Dieu reprochait au peuple de ne pas être intègre à son égrd :

> *Leur cœur est partagé: ils vont en porter la peine. L'Eternel renversera leurs autels, détruira leurs statues. Osée 10:2*

Jésus nous met en garde :

> *Nul ne peut servir deux maîtres. Car, ou il haïra l'un, et aimera l'autre; ou il s'attachera à l'un, et méprisera l'autre. Vous ne pouvez servir Dieu et Mamon. Matthieu 6:24*

Enfin les apôtres Jean et Jacques donnent nous avertissent aussi :

> *N'aimez point le monde, ni les choses qui sont dans le monde. Si quelqu'un aime le monde, l'amour du Père n'est point en lui. 1 Jean 2:15*

> *Adultères que vous êtes! ne savez-vous pas que l'amour du monde est inimitié contre Dieu? Celui donc qui veut être ami du monde se rend ennemi de Dieu. Jacques 4:4*

Nous avons bien compris qu'il e s'agit pas de nous détourner de ceux pour qui nous devons avoir un amour légitime: nos parents, nos enfants, nos conjoints, nos familles, notre prochain ...

> *Si quelqu'un dit: J'aime Dieu, et qu'il haïsse son frère, c'est un menteur; car celui qui n'aime pas son frère qu'il voit, comment peut-il aimer Dieu qu'il ne voit pas? 1 Jean 4:20*

De toute notre âme :

l'âme c'est notre être psychique, notre vie intérieure, émotionnelle et sentimentale, qui produit nos élans, comme cette femme dont nous parle l'évangile :

> *Comme Jésus était à Béthanie, dans la maison de Simon le lépreux, une femme entra, pendant qu'il se trouvait à table. Elle tenait un vase d'albâtre, qui renfermait un parfum de nard pur de grand prix; et, ayant rompu le vase, elle répandit le parfum sur la tête de Jésus. Marc 14:3*

De toute notre pensée :

Notre pensée, c'est la faculté de réflexion, là ou s'ébauchent nos projets et se prennent nos décisions, se déterminent nos actions.

Le véritable amour fait mentir le proverbe du monde : l'amour est aveugle

Le véritable amour connaît le prix des choses, mais il les donne quand même avec joie. Il sait les difficultés à suivre un ami, mais il s'engage sans regret. Il est aussi conscient de ses limites et il ne présume pas de ses forces.

Et puis l'objet de notre amour remplit nos pensées. Il nous absorbe et nous prend tout entier.

L'amour que nous aurons pour Dieu fera qu'il sera tout le jour l'objet de nos pensées et la priorité de nos choix.

De toute notre force :

Il s'agit ici de notre énergie, tout ce qui en nous se tend pour faire arriver ce que nous désirons, accomplir notre volonté, ce qui fait agir.

Nous pouvons avoir le vouloir, mais il faut la force pour l'action.

La bonne volonté, quand elle existe, est agréable en raison de ce qu'elle peut avoir à sa disposition, et non de ce qu'elle n'a pas. 2 Corinthiens 8:12

La parole de Dieu dit dans de nombreux passages : faites tous vos efforts ... Efforcez vous ... Mettez en oeuvre toute vos forces ...

Le véritable amour n'est pas platonique, rêveur, seulement désireux de faire, mais il est actif, entreprenant, persévérant.

> *Cantique 8:6 Mets-moi comme un sceau sur ton cœur, Comme un sceau sur ton bras; Car l'amour est fort comme la mort, La jalousie est inflexible comme le séjour des morts; Ses ardeurs sont des ardeurs de feu, Une flamme de l'Éternel.*

Conclusion

Il y a tant de choses à dire sur ce sujet, alors si les lignes qui précèdent ont touché votre cœur, méditez vous même ces paroles et celles que vous trouverez dans les Ecritures, puis laissez vous inspirer et conduire par le **Saint-Esprit** dans votre amour pour Dieu votre Père céleste.

> *Tu aimeras le Seigneur, ton Dieu, de tout ton cœur, de toute ton âme, de toute ta pensée, et de toute ta force. Marc 12:30*

i want morebooks!

Oui, je veux morebooks!

Buy your books fast and straightforward online - at one of world's fastest growing online book stores! Environmentally sound due to Print-on-Demand technologies.

Buy your books online at
www.get-morebooks.com

Achetez vos livres en ligne, vite et bien, sur l'une des librairies en ligne les plus performantes au monde!
En protégeant nos ressources et notre environnement grâce à l'impression à la demande.

La librairie en ligne pour acheter plus vite
www.morebooks.fr

VDM Verlagsservicegesellschaft mbH
Heinrich-Böcking-Str. 6-8   Telefon: +49 681 3720 174   info@vdm-vsg.de
D - 66121 Saarbrücken   Telefax: +49 681 3720 1749 www.vdm-vsg.de

www.ingramcontent.com/pod-product-compliance
Lightning Source LLC
Chambersburg PA
CBHW020809160426
43192CB00006B/497